澄明之境

120 個有益投資的對話：
大投機家和他的康德哲學課

著／壽江

期貨投資的術與道

——從《十年一夢》到《澄明之境》

著名經濟學家北京工商大學證券期貨研究所所長

胡俞越

2017 年 7 月 5 日於北京

編按：文中《十年一夢》為《作手：獨自徘徊天堂與地獄》簡體字版書名。

　　收到壽江先生的新作《澄明之境》已有時日，答應為他的新書作序確非易事。倒不是這本書有多麼晦澀艱深，壽江的文字我知道，他會盡可能寫得淺顯易懂，主要原因是我本人不做期貨交易，對用哲學思想闡釋期貨交易的理念，缺乏實戰交易的切身體會，所以理解不一定準確。

　　十多年前，壽江出版了他的成名之作《十年一夢》。此書一經問世就受到讀者和投資者的追捧，一版再版，十年來居然在大陸和臺灣出了十個版本。作為一個職業投資人，壽江《十年一夢》的影響力遠勝過他所做的交易本身，而且影響了中國整整一代證券期貨投資人，被譽為中國版的《股票大作手回憶錄》。十年前我欣然為他的《十年一夢》作序「感性人的理性思考」。十年後的今天，壽江先生又出版了新作《澄明之境》，而且半年之內已然售罄兩萬冊，細心的好事者也已整理出了從《十年一夢》到《澄明之境》的語錄版，洋洋灑灑數百條。壽江十年磨一劍，相比《十年一夢》，《澄明之境》是更高層級的期貨投資哲學。再版時囑我作序，頗有些為難。胡亂吹捧一通，非我本意，但要深入剖析這部內涵豐富、充滿哲學反思的投資著作，很不容易，這也是我遲遲未能動筆的緣由。

　　壽江常把期貨投資比作登山爬坡的心路之旅。《十年一夢》是他歷經股市、期市十多年摸爬滾打的經驗總結，其中有許多跌宕起伏的傳奇故事，也從一個側面反映了中國證券期貨市場成長發展的歷程。他從成功的投資經歷和慘痛的失敗教訓中摸索出符合自身規律的交易模式，並把這個交易心得總結出來與廣大投資者分享，

實屬難得。《十年一夢》是他三十多歲時的作品，書中彰顯了他那個時候灑脫張揚的個性，不免略顯青澀，儘管這本書早已蜚聲海內外。如果說《十年一夢》是壽江在攀登投資高峰過程中山中小憩的心得體會，難免「不識廬山真面目，只緣身在此山中」，那麼，《澄明之境》就是知天命之年的壽江登頂之後博大深沉的胸襟抒懷，可謂是「會當凌絕頂，一覽眾山小」。《十年一夢》作為一個操盤手的自白，主要探索的是投資之術，而《澄明之境》則是用哲學智慧來構建一套完整的投資理論和交易體系，主要探索的是投資之道。在我看來，前者可以作為投資者大學本科階段的期貨實戰教科書，後者則是進階時的研究生階段的實戰教材。

哲學專業出身的壽江以康德先驗哲學思想貫穿於《澄明之境》。康德哲學在世界哲學史上是一座豐碑，一座難以逾越的高峰。他的三大哲學批判因為晦澀的文字和高度抽象的思辨概念讓許多哲學專業人士都望而卻步。但繞過康德只有壞哲學，超越康德才有好哲學。深受康德「人為自然立法」思想影響的壽江顛覆了此前的投資理念，試圖通過「人為市場立法」、「人為自我立法」來構建自身投資哲學和交易體系。

投資市場上原本不存在放之四海而皆準的真理，所以就必須放棄尋找「投資聖杯」的努力。學會放棄是需要勇氣和膽略的，而且是痛苦的，因為此前習以為常的投資理念已經深刻影響了他的投資方式。試想初入市場的投資者誰不是躊躇滿志，春風得意，甚至於夢想一夜暴富。然而市場是殘酷的，經驗教訓是花錢砸出來的。「視角轉換的有效性取決於轉換程度的徹底性」，「擁有信仰，也

就意味著你放棄選擇的權利和自由」，交易必須懂得捨得之道。所謂「捨得」，有舍有得，不捨不得；小舍小得，大舍大得；先舍後得，不捨不得；要不然就是捨不得。當人們還在苦苦尋求混沌的不確定性的所謂市場運行規律的時候，壽江已經拋棄了這種不切實際的想法，以康德先驗哲學思想為指導，創立了「人為市場立法」的投資哲學—投資的理論、模型、假設決定市場觀察和交易。他所做的交易是感性的、具體的、鮮活的，而他從中悟出的道卻是理性的、深刻的、思辨的。

我的一個專做期貨投資的學生告訴我：期貨市場相對於股票市場而言，雖然殘酷但更為公平。期貨是個小眾市場，期貨投資需要大境界、大格局、大智慧，壽江的《澄明之境》正是這種智慧的結晶。我常在想，期貨投資者需要有四個境界：

第一層—想別人想到的，做別人做到的。

第二層—想別人沒想到的，做別人沒做到的。

第三層—想別人沒做到的，做別人沒想到的。

第四層—想別人不敢想的，做別人不敢做的。

處在第一層次的往往是初學者，處在第二層次的就已經是高人了，到達第三層次的就是高人中的高人了，第四個層次就是強人了。許多投資者深陷期貨市場的泥潭而不能自拔，心靈也常常受到煎熬和折磨。跳出期貨看期貨，跳出期貨做期貨，場內期貨功夫在場外，你就開始向第二層次、第三層次邁進了。所謂大師，就是自覺創造自身的人。我不敢說壽江已經是到達第四境界的強人，但我可以說他的《澄明之境》已經從自然王國逐步走向了自由王國，因

為他不僅有了屬於自己的投資哲學體系和收心、守心、修心的心理抗壓素質，更重要的是他心中還有投資信仰。信仰是我們靈魂的拯救者，是投資智慧的堅實基礎。心中有了信仰，即使身處逆境也能處驚不變。投資是一門科學，但科學不能完美地解讀市場運動，我們既需要風險管理手段來控制風險，又要用信仰的力量支持我們的行動。投資信仰既是我們在這個充滿不確定性、風雲詭譎的市場裡戰勝恐懼和貪婪的巨大的內在力量，又是讓我們對投資成敗有一顆平常心，面對投資過程中的起起落落心平氣和走得更遠的依靠。

康德是偉大的，康德哲學是深奧的，試圖通過康德哲學思想構建一套新的投資哲學體系，前人沒有做過。讀懂《澄明之境》是否先要讀懂康德倒也未必，事實上即使哲學專業人士讀懂康德的也是鳳毛麟角，壽江是否真正讀懂了康德我也不敢肯定。倒是這本《澄明之境》採用釋疑解惑的對話問答形式，文字鮮活靈動，很多金句都可以摘錄出來反復誦讀。這本書可以讀，可以學，可以做，但照本宣科有違作者的初衷。壽江通過這個方式告訴大家，要想真正成為期貨市場的強者，就必須建立符合自身特點投資哲學、投資理念和投資體系。我跟壽江開玩笑說：「《澄明之境》可以作為研究生的期貨實戰教材，但這門課必須你自己來講，別人也無法用這本教材授課，因為《澄明之境》就是屬於壽江的。」

從《十年一夢》到《澄明之境》，壽江在投資實踐的登山過程中實現了探索投資之術到投資之道的轉換。我建議讀者先讀《作手：獨自徘徊天堂與地獄》，再讀《澄明之境》，這樣才能看清壽江投資思想的發展演變過程，《澄明之境》是他的登頂之作，但並

非是他的封山之作。我相信有一天壽江封山之後，江湖上還會流傳
著《十年一夢》和《澄明之境》以及他的傳奇故事。我希望壽江在
下山之後再寫一本書，以完成他的期貨投資哲學三部曲，那時候的
壽江應該是更客觀、更深刻、更睿智。我和讀者們都期待著。

推薦序二

一個進階者走過的路

著名投資家天津易孚澤股權投資基金有限公司董事長

林廣茂
2017 年 7 月 4 日於北京

編按：文中《十年一夢》為《作手：獨自徘徊天堂與地獄》簡體字版書名。

10 澄明之境

很榮幸受到壽江先生的邀請為這本超越《十年一夢》的投資哲學書作序。我曾經在 2011 年的一篇博客中提到：

「丁聖元先生對於壽江先生《十年一夢》的評價我很認同，這本書的價值就在於它的真實，雖然六年前壽江先生對期貨的理解並非完全無懈可擊，現在他也可能大大超越當時，但是因為它的完全真實，它實實在在發生過，所以每個人在這本書中都會收穫不同的經驗，你得到多少就看你自己了，同時不帶演義的記錄會給同樣選擇這條路的人帶來便利，至少會少走很多彎路。」

十二年過去了，壽江先生對投資的理解確實大大超越了當時，《澄明之境》在真實性上少了很多故事，但是在投資內涵上無疑要比《作手：獨自徘徊天堂與地獄》豐富、深刻許多。它可能不適合於投資的初學者，但對於所有已經進階或有志於進階的投資人都是不可多得的參考書。

一直認為投資的進階是哲學，投資的高階是信仰。康德哲學是哲學史的高峰，在投資界談論的並不多，用這樣的哲學思想來指導投資更不是大部分人能做到的。記得在大學時看到索羅斯先生的《金融煉金術》，當時完全看不懂，八年後再看收穫滿滿。書中的觀點與《澄明之境》十分相似，投資人必需建立自己的投資框架體系，通過這個體系對市場做出預判，但是這個預判的對錯並不重要，重要的是根據行情的實際發展不斷修正，行情結束時你會發現可能你的初始預判完全是錯的，但是最後你卻賺了很多錢。如果你覺得索羅斯在胡說，那麼你處在我大學時的階段，把這句話留在心裡認真看書並且實踐，積累經驗後再來看。如果你看完微微一笑，

恭喜你已經走過了投資的第一階段，至少你懂得了擁有開放的心態不被自己觀點（更不用說別人的觀點）左右的重要性。

　　沒有人能說自己已經通曉了攀登投資高山的所有道路，也沒有人敢說自己走過的路就一定適合所有人。我所走過的道路就和壽江先生有所不同，我們都是從技術分析入門，但是走到半山時，我選擇了基本面分析。在我看來，技術分析更像是輕裝簡從的登山者，在剛剛喜歡上登山這個運動時，可以挑戰 3000 米海拔以下的階段，而基本面分析是用來對付 3000 米海拔以上懸崖峭壁的重型登山工具甚至是團隊。我並不否認有水準極高的登山者能夠僅靠自己就攀上 5000 米的階段，但是那必然要經歷長期的練習和極強的身體素質。

　　之所以把基本面分析稱為重型的登山工具，是因為基本面分析相對技術分析需要投入更大盤面外的工作量，有時需要一個團隊甚至是很多相關人員才能完成，而基本面分析能力的積累也絕非一日之功，你需要對某個品種或行業的供求資料有著深刻的瞭解。舉個簡單的例子，只給你棉花今年的產量、庫存、進口和消費量的資料其實對分析行情沒有任何作用，那只是一堆數字。你至少要瞭解去年的資料，五年的平均數據，長期的供求狀況，你需要敏銳地看出哪個資料的變化會起決定性作用，最難的是你需要知道目前的市場價格是否已經反映了這個資料的變化，接下來市場預期這些資料會往哪個方向變化？有多少人認為自己能做到？大部分所謂的基本面分析者也只是停留在打聽消息、人云亦云的階段。當做到了以上的要求，你也只是可以做棉花一個品種的基本面分析而已，那麼橡

膠、大豆、銅……每個品種的基本面分析都需要同樣的積累過程，差之毫釐，謬以千里！

　　基本面所要尋找的正是本書中提到的「耗散結構」。「分子在一個平衡態下的運動是很隨機的，分子現在在這裡，下一跳到哪裡沒法知道。但是，如果這個平衡態被打破，它的運動就有了規律，就有了決定性。」所謂平衡態下的隨機運動就是市場中的震盪，所謂平衡態被打破時的規律運動就是趨勢。市場價格發生平衡態被打破的狀況一定是基本面發生了重大的變化，只有這樣才會有趨勢性行情的產生，結合技術上的區間突破可以真正的重倉把握趨勢。而我們要理解索羅斯的反身性理論也必須依靠它。當市場的隨機運動與供求基本面的變化方向相反時，就是趨勢的最佳建倉點，市場首先會因為隨機力量回到平衡位置，然後進入確定性的平衡態被打破後的趨勢運動，在這個過程中所有的反向持倉都會持續虧損，市場才有可能形成反身性的力量，反身性用四個字來解釋就是矯枉過正。那麼如果沒有「枉」也就不存在「過正」，反身性就不起作用。

　　最後我想說的是，書中的每一個教訓都是我曾經犯過的，如果時間可以倒回，我願意用買一萬本書的錢去買這個教訓。可事實上所有的路都要自己走，所有的坑都要自己填，沒有人能給你捷徑，好的老師會給你一張地圖，它不是投資迷宮的全貌，它是一個進階者走過的路！

前

言

體悟金融市場的
「煉金」之路

壽江
2017 年 1 月於北京

　　投機交易是一個孤獨的職業，我們每天都會面臨著市場中起起落落、輸輸贏贏的結果，由此帶來的心理、心態上的跌宕起伏在所難免。強大的內心世界怎麼來？肯定沒有一蹴而就的捷徑。看多了、盈虧次數多了、交易時間長了，面對意外事件，你的心理波動就會小很多，甚至會在一定程度上麻木了。在我看來，強大和麻木很多情況下只有一牆之隔。

　　高曉松說過一句很有意思的話，「人生不是一個故事，人生是一個事故」。大多數人的生活是平淡的，事故發生的次數不會太多，相對偶然。而對一個市場交易員來說，幾乎每一天都可能發生事故，甚至一天之內都有可能發生好幾次。剛剛還是陽光燦爛，轉瞬間就烏雲密佈，天堂地獄往往在一念之間。所以，金融投機確實是一個很刺激的工作，也可以說它是一個很精彩的工作。

　　我做了20多年交易，過的就是這樣一種生活。你可能覺得這很沒有意思，也可能覺得這很有意思。對我來說，無論有沒有意思，都會這樣繼續下去。人生就像一趟不可能回頭的列車，你坐上了以後，某種程度上你就不由自主了。

　　回頭看來，像我這樣天性散漫，不太喜歡受約束的個性，其實並不適合做股票、期貨投機這一行。不過，世界上的事情總有兩面性，正是因為這種性格和市場交易衝突巨大，我經歷的故事就比一般人曲折，體會到的痛苦和沮喪更大一些，因此不得不對投資和人生比別人要多一些思考，也就多了一些感悟。

　　有人說，經歷是一種財富。我覺得有這種想法的人要麼自欺欺人，要麼就是站著說話不腰疼。當然，假如說這句話是一條真理，

那我很高興，因為我有很多「財富」。

　　生命既然是一趟單程車，那麼坐上去以後，再徒勞掙扎也就沒有多大意義了。中國有句老話，「既來之，則安之」。我還是想想怎麼樣能夠在車廂裡做一點更有意義、更有價值的事情。反正平平常常也是一輩子，上天入地也是一輩子。

　　十多年前，我寫了一本《作手：獨自徘徊天堂與地獄》，算是對自己投資人生的一個階段性總結或者交代。又過了這麼多年，難免又發生了很多故事或者說事故，我想還是得給自己一個說法，所以有了寫這本書的衝動。

　　那本書講故事多一些，而這本書更多的是我對投機交易的思考和總結，所以讀起來不會太輕鬆、太有趣。

　　人生確實很怪異，想當初剛邁入市場時，我和大多數投資者一樣，都是意氣風發，躊躇滿志，把市場想像成一個取款機，賺錢幾乎可以信手拈來。

　　侯門一入深似海，進了賭場以後發現完全不是那麼回事。讓人哭笑不得的是，本來投資的目的很簡單，就是為了求財。然而，玩著玩著竟然走上了求道、悟道之路。我不僅僅是一個交易員、操盤手，還成了一個研究投資市場的探索者、思想者。也許這個行業就是這樣，為了求財，你必須求道，你要成為一個投資家，你必須是一個投資思想家。

　　我總覺得，投資類的書肯定不是寫出來的，而是在金融市場中用錢堆出來的。我不敢說這本書有多少智慧，但是，如果有一點的話，那麼就是用一點錢買來的，有不少的話，就是用不少錢買來的。

　　我想從幾個方面，簡單談一下自己在交易生涯中的一些思考和觀點，因為原來學的是哲學，標題有些怪異，你就將就著看看吧。

一、我思故我在

　　西方哲學從古代到近代的演化，大多數哲學家認為是從本體論走向認識論的過程。本體論是古代哲學的根本課題，它要解決的是世界萬物的統一性根據究竟是什麼，如何理解和把握多種多樣、變化無常的現象後面起支配作用的最為根本的原因和原理。

　　一般說來，德國古典哲學家康德是從本體論到認識論這個過程中的分水嶺。

　　康德認為，一直以來人們認為認識事物就是認識事物本身，我們的感性或理性認識能力圍繞著事物展開。實際上人們如何認識事物呢？康德認為事物在進入我們的認識領域時就被我們的認識能力進行了建構，比如說時空概念就是人頭腦中本來就有的，所以我們看到的所有事物都在時空之中，就像我們的頭腦中帶了一副時空的眼鏡，所以事物呈現什麼樣子是受我們頭腦中有什麼認識框架所決定的。康德把哲學從追求世界本質轉到了我們能夠認識什麼，理解什麼，限制了知識的範圍。這就是為什麼有人說康德哲學是一場哥白尼式的革命。康德哲學對我的投資生涯影響很大。

　　在沒有接受康德哲學以前，我認為投資成功的關鍵就是尋找到市場價格運動背後的規律，只要你找到了市場運動的規律，賺錢就是自然而然的事情。如果你沒有在市場交易中賺到錢，肯定是別人發現了規律，而你沒有發現。所以，你在投資市場努力的方向很明

確，尋找到打開市場運動奧秘的鑰匙。

2000 年前後，正是受到了康德哲學的強烈啟發，我才發現自己走錯了路。因為在康德看來，我們只能認識世界的現象，世界的本質不可知，甚至世界背後根本就沒有本質。知識是主體通過理知、概念主動構建和創造的。所以，康德提出了「人為自然立法」的思想。

如果這個思想是合理的，那麼，我原來投資思維的模式就是錯誤的，面對不確定性、混沌的市場，我永遠不可能尋求到市場運動背後的規律，我必須自己創立一套觀察市場、理解市場的理論，通過「人為市場立法」，才能給自己的思想和行動提供依據。

正是在康德哲學的引導下，我才走上了構建自身投資哲學和交易體系的道路。提出了自己的投資哲學—投資的理論、模型、假設決定市場觀察和操作。

哲學確實是觀察世界的角度學，角度一變，世界就變了。我對市場交易的認識也有了根本性的變化：

一是不可能找到百戰百勝、完美的市場交易理論，必須放棄尋找「投資聖杯」的努力。

二是意識到在市場中我們確實很渺小，我們就是井底之蛙中的青蛙，就是瞎子摸象中的瞎子，我們看到的天，我們摸到的感覺就是真實的世界和市場。只能把精力集中在建立自己的投資標準，確定自己的能力圈，在自己的能力圈內活動。

二、多則惑，少則得

　　既然我提出了投資的理論、模型、假設決定市場觀察和操作，那麼，在金融市場要投資成功，我們選擇自己的投資理論就變得至關重要。

　　但是，市場中有各門各派的投資理論、技術，為了更好地觀察市場、理解市場，提高我們交易的品質，應該怎麼做才是最聰明的呢？

　　兼收並蓄，綜合各派理論的優點，從多個角度、多個思路分析、把握市場運動，似乎可以幫助我們更加全面地理解市場走勢，為我們的交易決策提供更加可靠、準確的依據。

　　然後，當我嘗試這樣一種思路理解、操作時，我立刻發現了極為尷尬的情況。面對同一個市場，面對同一個市場價格，不同的理論、技術會有完全不同的解釋，有的看漲，有的看跌，理論之間相互衝突矛盾，我一下子跌入了混亂的深淵，在市場交易中陷入了無所適從的境地。

　　顯然，此路不通。打個比方，可能我們更容易理解：比如做一道菜，每一樣食材本身都很好，但當你把牛肉、羊肉、帶魚、豆腐、黃瓜等東西全部都煮在一起，絕對就不好吃了。每一樣食材分開做一道菜，幹乾淨淨、明明白白，味道就完全不一樣了。

　　實踐和邏輯都給我明確的方向和答案。我不能試圖打造全天候作戰系統，只能選擇一套理論、技術作為我交易的根據。「多則惑，少則得」。

　　但是，人性追求完美的期望是那麼強大，我立刻感覺到任何理論都只能解釋市場的部分運動，大多數情況它都無能為力。市場每

天都在波動，而且有時候波動幅度巨大。但是，如果我想要長期投資成功，只要我的理論、模型、系統沒有信號，很多時候我就什麼也不能幹，只能坐在電腦螢幕前無奈地看著市場行情起起落落。

還有一點也令人沮喪，即使我只選擇、信奉一套理論工具，也有巨大的遺憾。我在接受它的優點的同時，必須同時承受它的缺點。打個比方，你娶了一個很漂亮的老婆，娶回家後發現，她身上有你原來沒有發現，你很不喜歡的毛病，自私、自負、懶惰等等，這時候你怎麼辦？要麼你離婚，重新娶一個，難道下一個就完美了嗎？不可能。要麼你將就著過下去，享受她的優點的同時，也包容她的弱點。

投機市場的選擇其實也是這個道理！

想明白了這一點，我的內心也就釋然了。單純的眼睛看到的是單純的世界，複雜的眼睛看到的是混亂的世界。與其在市場交易中像個無頭蒼蠅那樣瞎做，什麼都想要，什麼都得不到，還不如相信一套簡單的理論工具，看不懂的不做，只做自己能夠把握的機會。

從這個角度而言，有人說「哀莫大於心死」，我覺得增加一個字更好，「哀莫大於心不死」。

當我意識到了這一點，原來心存僥倖、不願止損、不願強制性風險管理的心理障礙就慢慢消解了。

我在一次演講中曾經講到：「所謂的交易境界，指的是投機者在洞悉了技術層面的局限性以後，有了自己的投資哲學和思想體系，通過構建相對合理的交易策略和風險管理方法，在交易世界放棄完美，進退有序，淡定從容的心境。所以，交易績效的穩定，並

不是技術的問題，而是放棄的學問。」

三、道在倫常日用

按照馮友蘭先生的說法，中國古人追求的最高境界是成為聖人，而聖人並不需要有上天入地的超能力，也不需要有騰雲駕霧的法術。道不遠人，聖人也生活在現實世界，也要吃喝拉撒，也有七情六欲，但一般人生活在無明狀態，只是本能習慣性地活著，而聖人有覺解，心安理得，自覺自願地生活，這兩種境界是完全不同的。

有人認為，投資交易是為了賺錢，目的只是為了獲得財富自由。所以，生活是生活，交易是交易。這兩者並沒有必然關係。

我不太同意這個觀點。我認為，交易員在市場中買進賣出的行為背後是有一種精神力量的。日本人一向追求「劍禪合一」的境界，按照我的理解，這種境界在投資市場指的是：一種技術工具如果要發揮出巨大的威力，背後應該有一顆強大的心臟，有一種強大的精神力量支持。

那麼，這種強大的精神力量來自哪裡？和一個人的日常生活態度、內心精神狀態沒有關係嗎？孟子說「吾善養吾浩然之氣」，我理解指的應該是一個人的膽量、勇氣、正氣需要在日常生活的方方面面去培養、積累。

很多人把投資比作是一場戰爭，我覺得很有道理。但是，戰爭是會血肉橫飛、會死人的，你想過這種場面嗎？

二十世紀五十年代的朝鮮戰爭中，曾經有一個蛋炒飯的故事，

講的是某位戰士因為警覺性不夠，在防空信號發出後漫不經心，依然在吃蛋炒飯，結果遭到美軍飛機轟炸的悲劇。

所以，如果交易和戰爭兩者真有相似之處的話，戰爭者應該具備什麼樣的精神態度，投機者也應該具備什麼樣的精神態度。

我平時經常和我的交易員談到，投機者對待交易的態度應該和日常生活中的態度一致。一個人平時就習慣率性而動，天馬行空，難道在交易時不會體現出來嗎？

我在訓練交易員時曾經歸納出六個字：收心、守心、修心。修心講的就是日常具體事情中修煉自己的心性。

交易不僅僅是知識的學習、接受過程，更是一場投機者品性的修煉。林廣茂先生在《大道至簡，得之不易》這篇文章中講得非常深刻：

「佛學就像物理學，有理論物理學家和實驗物理學家，理論物理學家通過邏輯公式推導出物理學定理，而實驗物理學家通過實驗證明之。佛學的大師、高僧通過學習明白眾生皆有佛性的道理，而佛通過自身證明之，證得即為佛。佛學又不像物理學，實驗物理學家只要證明了，全人類就都可以用了。而佛學別人證明的是別人的，每個人都要通過自身去證得，沒人可以替代。在之前的博客中提到過，如果只是看過，明白，就能懂得，做到，那和尚修成佛陀豈不是和上大學一樣簡單？從這一點來看，我們從事的行業更接近佛學的修行，別人的規矩原則，是別人的，即使告訴你，也還需要你自己去領悟去證得。」

作為一個投機客，需要在點點滴滴的事情上磨煉自己的個性、

氣質、精神，而不是簡單地瞭解市場、瞭解交易，如此方能在詭譎多變的市場交易中氣定神閑，胸有成竹。

程子曰：「今人不會讀書。如讀論語，未讀時是此等人，讀了後又只是此等人，便是不曾讀。」讀論語的目的是在改變人的氣質。

巴菲特說：「一個在小事情上無法節制的人同樣在大事情上無法節制。」

這就是我為什麼用「道在倫常日用間」這個題目的原因。

四、相信才是力量

在我看來，交易員和苦行僧也差不多，為了取得投資成功，我們必須像虔誠的宗教徒一樣信任我們的投資哲學、投資理論、投資方法。並為此自我節制、自我磨煉，如此方能在市場操作中達到「穩、准、狠、快」的思考和行動。知道不是力量，相信才是力量。

我在去年接受中國證券報的採訪中曾經說到過這樣一段話：

「市場多空觀點上的差異，實際上反映的是背後看盤的人觀點、信仰不同。信仰具有排他性，有信仰的人，他的觀點是單純的，他的意志是堅定的，從生活習慣到為人處世都具有一致性。他遇到選擇也不會迷惑。宗教信仰不一定科學，但是有信仰的人，他的人生之路會因此而發生變化。而知識就不一樣，單純具有知識的人仍然容易陷入矛盾和糾結中，容易在市場交易中迷失方向。」

按照我的理解，投機客是「行者」、「忍者」而非「學者」、

「智者」，行動而非說話，實踐而非理論，是一個職業投機者的本質特徵之一。某種意義上說，流行的科班教育體系過於強調智性訓練，師生關係過分疏離，似乎並不適合職業投機者的素質培養。中國古代琴棋書畫以及民間手藝、武術的學習中，強調師承，強調師父帶徒弟的心傳法門，可能是培養職業投機客可以借鑒的模式之一。

投資人生是一條艱難的路，需要經歷一次茫茫荒野上的艱辛跋涉。

我的投資生命旅程，能夠走到今天的格局，固然有自己努力的成分，有幸運女神的眷顧，更得益于無數朋友的幫助。在此，我要真誠地感謝國內期貨理論家胡俞越教授，著名投資思想家、銀河證券的丁聖元先生，著名投資家林廣茂先生，著名投資家紀翔先生，雲南著名投資高手、我的朋友徐俊先生，等等，他們的幫助讓我在投資人生路上的探索增添了巨大的力量。

目錄

我的投資人生

我把期貨投資悟道之路分為上山和下山。

由術到道，只是期貨探索路上走一半，即上
山的那一半目標。道不遠人，心中的道接了
地氣，這樣的道才是功德圓滿最高境界。

第一節

獨自徘徊天堂與地獄，
是我投資生涯前十年的註解

一天，曾暴賺數千萬台幣，
但很快，就把賺來的錢賠光⋯。
我的第一本書不是寫出來的，
是金錢和痛苦絕望堆出來的。

_01_ 《作手：獨自徘徊天堂與地獄》在大陸有五個版本，臺灣有六個版本，累計銷量幾十萬冊，至今依然十分暢銷，這是金融類圖書的奇蹟。十多年過去了，你自己是怎麼看待當年寫的第一本書？

這本書本不是想公開出版寫給讀者看的，而是一顆孤獨心靈的內心獨白，目的是給自己十多年投資人生一個交代。泰戈爾有一句詩：「天空中不留下鳥的痕跡，但我已飛過」。我想記下自己在投資市場飛過的蹤影，因為本意是給自己看，給自己留個紀念，所以寫得比較坦誠、真實，尤其是對自己投機失敗的經歷和感受，沒有任何隱瞞。我想讓自己知道我是誰，就把人性中最不願面對的那一面直接呈現出來，希望給自己以後的人生一個警醒。

人同此心，心同此理。或許正是因為我記錄的是自己真實的故事，無論是新興市場還是華爾街投資人，我在投機市場的心路歷程和無數投資者不謀而合，不同階段的投資者都能夠從中找到自己投資人生的影子，都有類似強烈的體會、感悟和共鳴。這是我從一個讀者來信中摘錄的一段文字：

「我已拜讀了三次，從書裡我仿佛看到了自己12 年的影子，仿佛和您一樣，經歷了一次次身心的考驗和煉獄，又感覺像是和您一起，進行了一次心靈的交流。感覺真是字字珠璣，句句精彩。給我操作思想上帶來了強烈的震撼！」

無數讀者的溢美之詞，讓我誠惶誠恐，受之有愧。其實我的書遠沒有大家說的那麼好，這一點我心裡非常有數。

一是這本書只是我投資生涯階段性總結，一個僅有十年投資經歷的人，感悟和思想會有多深刻呢？也敢寫書？

二是從現在看，這本書中的操作方法、投資邏輯有相互矛盾，前後不一致的地方，個別觀點甚至是錯誤的。

三是這本書本意是想通過自己的痛苦教訓，提醒大家期貨投機風險巨大。然而事與願違，不少投資者對我的初衷視而不見，卻在書中尋找投資秘訣，無意中我把有些人引進了投資人生的不歸路，與我內心的真實想法背道而馳，這是我感到非常內疚的一件事情。

有一點我很清楚，如果說《作手：獨自徘徊天堂與地獄》這本書真有一點價值和意義的話，那絕對不是因為我的文筆和才華。書不是寫出來的，而是無數金錢和痛苦絕望堆出來的。說句心裡話，如果在讀者看來這本書字字珠璣，那麼在我看來這本書字字血淚。叔本華說，「一棵大樹想要到達天堂就必須進入最深的土壤，它的根必須進入地獄」。

這本書第一版的書名是《獨自徘徊在天堂和地獄之間》。哲人說，人生的智慧一定來自於痛苦，我的十年投資體驗就是這句名言的完美注腳。

02 你的投資生涯跌宕起伏，用你自己的說法是「獨自徘徊在天堂和地獄之間」。*1995* 年 *327* 事件中，曾在一天內賺了 *690* 萬（人民幣），這在當時是一般人難以想像的天文數字，讓人一下子進入了人生的巔峰，請簡單介紹這麼多年你的投資經歷和對

327 事件的感悟。

我的投資人生很簡單，幾近無聊。用一句話概括就是：我的生活就是投資，投資就是我的生活。

1992 年研究生剛畢業我就進入股票市場，很快就「誤入期途」。剛開始在一家企業做投資，1997 年離開公司後自己獨自幹，2005 年後帶著團隊一起研究和操作期貨。我的幾家公司，有的純粹為自己的錢投資，有的發個產品，代客理財。我曾經給團隊同事開過一個玩笑，如果說 2005 年以前我的期貨生涯是獨自徘徊在天堂和地獄之間，那麼現在就是大家一起徘徊在天堂和地獄之間。

關於 327 事件我一夜暴富的故事，在我的記憶裡恍如隔世。如果你對這個奇蹟發生經過有興趣的話，可以看看《作手：獨自徘徊天堂與地獄》，那裡對這個事情的來龍去脈有詳細的描寫。

往事不堪回首，20 多年過去了，如果你一定想知道我現在的看法，簡單說就兩點：一是這件事說明一開始我真的入錯了行，我的個性也許並不適合做期貨，我的賭性太重；二是少年得志乃人生之大不幸。

03　早期投資生涯，曾一天內取得過輝煌的業績，可在你看來，這件事恰恰反映了你的性格並不適合做期貨，那麼，什麼樣的人適合做期貨？

這是一個古老的問題，無數的朋友問過我，我也一度很困惑，到底什麼樣的人適合做期貨呢？

我在培訓公司交易員的過程中體會到，我的投資思想、理念、策略講清楚很容易，他們理解接受很快。但是，學會了這些東西以後，交易員們最終的成就差異非常大。有些業績非常好，進步神速；有些業績很一般，長時間徘徊不前。這裡面的原因是什麼？背後的因素確實比較微妙。我覺得可能有遺傳的成分、有性格的因素、有悟性的高低等。一句話，我也不完全能夠講清楚，為什麼有人成就大，有人成就小。

　　幾年前看過日本新渡戶稻造博士寫的《武士道》一書，書中記錄了一段描繪日本歷史上三個名人個性的對話，很有意思。織田信長：「杜鵑啊，你快叫，不叫，就殺了你！」

　　豐臣秀吉：「杜鵑啊，你快叫，不叫，我總會想法子讓你叫！」

　　德川家康：「杜鵑啊，你快叫，不叫，我就一直候在這裡，你早晚會叫的！」

　　如果做期貨，我覺得德川家康是最適合的，他進入期貨市場會很成功。什麼樣的人不適合做期貨呢？織田信長的鬥爭哲學最不適合做期貨。為什麼？「與天鬥其樂無窮，與地鬥其樂無窮，與人鬥其樂無窮。」期貨市場不是一個我們要去打敗的敵人，這種與天為敵的個性在期貨交易中會死得很慘。

　　我個人覺得，大多數投機者既不是德川家康，也不是織田信長，而是豐臣秀吉，也不適合做期貨。為什麼？借用《紅樓夢》中的一句話就是，「機關算盡太聰明，反誤了卿卿性命」！

如果給豐臣秀吉吃點藥，2000 年前孟子的話是最好的解毒劑：「雖有智慧，不如乘勢。」

投資市場中每個人其實就是一頭「豬」，但是我們都不甘心，一心想要飛起來。我們會長時間花精力去琢磨，怎麼讓自己長出翅膀，能夠飛。我們忘了一頭豬要飛起來的唯一辦法是去尋找風口，只有足夠大的風才能讓我們飛得高。

所以，不要把精力放在琢磨如何打敗市場上，聰明的豬應該努力找到風口，耐心等待那個蓄勢已久，可能突破起飛的交易品種，乘勢而為。

_04_ 在你眼中，什麼樣的人是投資家呢？

我在給文竹居士的書寫的序中有一段話：

「按照我的理解，投機客是「行者」、「忍者」而非「學者」、「智者」。行動而非說話，實踐而非理論，是一個職業投機者的本質特徵之一。某種意義上說，流行的科班教育體系過於強調智性訓練，師生關係過分疏離，似乎並不適合職業投機者的素質培養。中國古代琴棋書畫以及民間手藝、武術的學習中，強調師承，強調師父帶徒弟的心傳法門，可能是培養職業投機客可以借鑒的模式之一。我現在也正在做這方面的嘗試。」

「在日本武士的培養過程中，知識的教育，智慧的訓練，固然不能說不重要，但更重要的是武士人生態度、品格意志的培養，包括超然物外、淡泊名利的精神境界，從容不迫而又果斷無畏的犧牲

精神和行動能力，壯士斷臂的勇氣，對痛苦的超強忍耐力等等，這一切不正是一個典型的期貨操盤手必備的個性特徵嗎？」

德國著名哲學家康德曾經對哲學家做過一個定義：什麼是哲學家？指的是在理性指導下，能夠保持自我克制的人，而不管他知識多少。我認為這句話完全可以用來定義什麼是一個投資家：在理性指導下能夠保持自我克制的人，就是投資家，而不是在於他知道多少。

05 在什麼時候、什麼情況下，開始思考自己期貨投資失敗原因？

為什麼我不願意談 327 事件中我所謂的輝煌？因為我很快就把賺來的錢賠光了。1997 年以後，隨著我的投資生涯進入絕境，我不得不開始痛苦的思考，我到底做了些什麼，未來該怎麼辦？我想要弄明白兩個問題：

第一我是怎麼把這些錢輸掉的？

第二是期貨交易有沒有一條成功投資之道，能夠讓我把輸掉的錢賺回來？

前一個問題看起來很容易，失敗總是有原因的，你的思考可以流於表面，也可以深入挖掘，可深可淺。反正錢已經賠了，找個外在理由，敷衍一下自己也就過去了。後一個問題的艱難程度，遠超我的想像，我給我的投資人生出了一道極大的難題，侯門一入深似海，從此，我把人生最美好的時間都花在了探索期貨投資到底有沒有成功之道的斯芬克斯之謎中。

第二節

期貨不是正常人做的事，
入這行基本就是九死一生

期貨是個人英雄主義的孤獨遊戲，
對他人、對自己不負責任、逃避現實的人，
絕對做不好期貨。

06 為什麼會思考投資哲學？什麼時候開始思考投資哲學？

高曉松說過一句經典的話，很有意思，「人生不是一個故事，人生是一個事故」。

當代著名哲學家李澤厚先生在《美的歷程》中曾經談到，每當中國歷史上戰亂不斷，人的生命朝不保夕、飽受苦難的時候，往往哲學、宗教思想高度發達。而在物質富足的太平盛世，伴隨著歌舞昇平的人間美好生活，文學、藝術常常極為繁榮，似乎誰也不願意再去多想那些關於人生到底有無價值、生命意義何在、生死命運變化無常的深層次問題。

我是學哲學出身，哲學是一門反思的學問。投資失敗給我現實人生帶來的打擊和內心沮喪痛苦的絕望，讓我不得不思考生命、交易中一些最根本性的問題。其實，生活中每一個人都是這樣，當你人生面臨絕境，逃無可逃的時候，你沒有多少選擇，要麼沉淪，要麼面對困境尋求解決之道。急中生智，思考投資市場成敗、尋求交易智慧等深層次的問題對我而言變得自然而然。

我公司有一位元博覽群書、才華橫溢的年輕交易員，看過的投資書籍肯定比我還多，但是投資業績卻很平庸。我的副手和他私交很好，我經常和我的副手開玩笑：

「你的人品不怎麼樣，對待朋友一點也不真誠。你的朋友交易業績這麼差，你為什麼不幫幫他？」

我的副手剛開始的時候很納悶，不知道我是在開玩笑，很認真地問我怎麼才能幫上他的朋友。我說：

「這事多簡單！你知道為什麼在二十四史中司馬遷的《史記》寫得最好？這當然和司馬遷的家學淵源有關，但關鍵是司馬遷受過宮刑，這種悲催的經歷是任何歷史學家沒有的。如果司馬遷沒有這樣屈辱痛苦的人生悲劇故事，他不可能寫出名垂青史的著作。如果你想讓你的朋友投資成功，把他閹了就一切 OK 了。當然，意外風險也是有的，你把他閹了以後，萬一沒有激發起他內在巨大的成功欲，最終投資沒有成功，他就變成太監了！」

玩笑歸玩笑，我覺得我編的故事道理是成立的。如果我早期的投資之路一帆風順，誰會去思考什麼投資哲學這類莫名其妙的問題？人只有被逼到萬般無奈之中，才會去思考一些深層次的問題。

我當然也不例外，隨著投資活動的徹底失敗，無奈地在痛苦中開始思考人生、命運、哲學。從時間上說，大約 2000 年前後，受到康德哲學的啟發，我提出了自己的投資哲學思考。

_07_ 在北京大學的講座裡，你曾用「蜀道難難於上青天」來強調期貨交易成功的艱難性，但是，你認識這麼多高手，有些人交易非常成功。大家還是喜歡聽你講成功者的故事，希望從中有啟發，請講一個這方面的案例好嗎？

大家都知道期貨交易實在不是正常人適合做的事情，不管有意無意，只要你進了這一行，基本上可以說是九死一生。我用這句話來形容投機市場成功的艱難，確實是有感而發。所以，我還是想先抽象籠統地講講期貨交易的艱難性，最後講一個你感興趣的故事，

算是送給你的一個禮物。

關於「蜀道難難於上青天」的思想，我想用三點解釋一下：

（1）市場本質的不確定性和風險管理的微妙性

有一位元老交易員曾經說過：假如你在市場中呆的時間足夠久，什麼樣的事情你都能夠見到。

確實，對於一個從事期貨交易的投機者來說，最銘心刻骨的事情無疑就是市場價格變化的反復無常、神秘莫測。市場的不確定性、隨機性，時時刻刻困擾著所有的市場參與者，是擋在每一個投機者面前無法逃避的攔路虎。短期之內，偶然性可以讓賭徒傻瓜成為智者而歡呼雀躍，讓所謂的高手變成白癡而捶胸頓足，讓大多數投機者被玩弄於股掌之間而茫然不知所措。

從事後的角度，我們可以很清楚地知道市場的運動軌跡，但是，投機者交易的不是過去，而是未來。要深刻理解市場價格波動中趨勢的演化方向和微妙的動態平衡，既要投機者有客觀、定量、科學的理性分析能力，又要有靈活、變通、前瞻等藝術、直覺的參與，這是某些交易員經過長期學習、思考、研究後才有的內在洞察力。這中間投機者所付出的真金白銀的代價和體力、精神上的損耗磨煉，可能遠遠超出常人想像，絕非一日之功。

所以，良好的風險管理也是投機者的立身之本。成功的投機者在交易中都能嚴格限制損失，及時砍掉虧損部位；相反，對盈利頭寸則做到了盡可能地擴大戰果。這樣一年下來，盈虧表上幾次大的盈利足可以抵消很多次小的虧損，結果仍可達到良好的盈利水準。

　　但是，交易在某種意義上說是一種心理遊戲。短期走勢的偶然性和人為性、投機者的貪婪、恐懼等心理因素，使得投機者要找到適合自己交易方式的風險管理策略絕非易事。

（2）人性的基本特徵和成功的投機要求往往背道而馳

　　即使你擁有極高明的交易技術和最完美的資金管理策略，如果你不能嚴格遵守，也不可能在金融交易市場獲得成功。

　　傑西・李佛摩是投機歷史上最偉大的投機客，他寫的《股票大作手回憶錄》和《股票大作手操盤術》是投機行業的經典名著。然而，這個天性適合投機，對股票、期貨價格波動具有非凡洞察力，擁有近乎完美的市場交易策略，*1929* 年在市場中曾經獲得過上千萬美元利潤的投機天才，最後卻在窮困中自殺。

　　裡費默尷尬、悲涼的結局曾經讓我思索良久。從表面看，知行不合一肯定是裡費默失敗的直接原因。從深層次看，我以為，裡費默的失敗源於人性本質上難以擺脫的非理性因素。瞭解自己、戰勝自己這個古老的哲學話題，看起來似乎有可能實現，實際上也許永遠只是人類追求的理想而已。所以，如果要在市場取得成功，投機者應該做出正確的決策，而不是做出讓自己感覺舒服的決策，心理上很舒服的交易，結果往往不好。但是，就像裡費默說的，我們都是人，怎麼會永不犯錯呢？

　　什麼是交易高手？就是能夠從表面上看來不確定、隨機的市場波動中找到某種相對確定、可以把握的機會。知道什麼時候成功交易的概率最大、風險和回報關係對投機者最有利、什麼時候應該退

避三舍、靜觀其變等等。

　　但是，投機領域充滿了辯證法。成功的投機者離不開辯證思維的大智慧。在這裡，模糊是美，缺陷是美，簡單是美。在技巧上追求完美，在利潤上追求極限則恰恰不是美，而是與美的真實背道而馳。

　　從長遠的角度，期貨交易成功必須要有一個系統、完整的交易思路，包括合理的交易理念、策略、方法、工具；良好的風險管理制度；正確的人生觀、價值觀等。所有這些列舉的要素，都需要漫長的時間積累，都需要巨大的付出，都需要殫精竭慮地去摸索、嘗試。

　　「君子憂道不憂貧」，但是，投機市場的成功有道嗎？

　　十多年前，因為一個偶然的機緣，我看到了現在國內一位元非常成功的交易員的交易記錄，我迅速讓團隊把他一年多的每一筆交易進出細節標記在圖表上，研究了大約兩周，看了至少有上千次操作過程，我心中確實比較感慨。歸納起來大約有以下幾個特點：

　　（1）交易勝率並不高，我記憶中最多不超過52%；

　　（2）從圖表上看，經常買在最高點，賣在最低點；

　　（3）單筆交易平均虧損很小，有強烈的自我保護意識，情況不對，第一時間止損離場。有很多筆交易幾乎是原價進出，有三筆交易出現大額虧損，其中兩次是因為隔夜外盤暴跌，第二天一早他砍倉出場，只有一筆是他一直扛著不砍，幾天以後估計是實在受不了了才割肉平倉的；

　　（4）應該用了某種指標和工具對市場機會進行界定，進場的

模式有很大的相似性、一致性，出場的標準有些模糊，據我判斷：有的交易應該是從技術角度看到不對後離場，有的交易應該是因為風險控制的原因離場，有的交易應該是某種市場感覺讓他意識到不對後離場的；

（5）總體交易風格成熟、穩定，有相對一致性的進場和離市原則。我對這位元朋友交易的解讀未必對你有用，不過有一點你可以相信，這個故事絕對是真的。這位元交易員在交易圈內很低調，知道的人也不太多，但確實很牛！

08 為什麼 2005 年後，你要從個人投資者走向團隊建設這條路？

當時的想法很單純。一是一個人做交易的時間太長了，可能還是內心不夠強大，缺乏安全感，覺得有團隊比一個人操作更踏實；二是長期面對市場的不確定性，確實覺得自己智商不足需要充值，所以，當時特意從清華、北大等名校招了幾個喜歡期貨的小夥子來做助手。直接目的有三個：

（1）抓住更多的市場機會。隨著市場活躍、交易品種增加，一個操盤手因為精力不足和資料上限的制約，往往會漏掉一些很好的交易信號，如果有助手，就能幫助我發現、抓住這些機會。

（2）對我的行為進行管理，讓現實的我和理想的我合二為一。我知道自己的個性中有天馬行空的一面，偶爾一高興就極容易出圈，這種違反交易原則和體系的衝動是投資成功的大敵。我希望發生這種非理性操作時有人拉我一把。

（3）對我的交易進行風險管理。也是因為性格的原因，我是一個賭性很重的人，曾經不時發生交易風險失控事故。我想有人做風險管理，交易結果應該會好很多。

09 希望助手可以給你發現交易信號，讓你把握更多機會，這樣的想法聽起來很好，實際效果如何？

這個想法初衷很好，以為人多力量大，有這麼多智商極高的助手按照我的套路幫助盯著市場機會，交易結果一定比我一個人操作強很多。後來發現有兩個大問題：一是交易助手機械地按照我的體系發現市場信號並不難，但好的機會只有通過嘗試，甚至需要經歷很多次的失敗才能把握，交易助手和我配合做這個事情是不可能的；二是我意識到這樣的思路有問題，提高業績的路徑不在於發現機會的次數多少，而是在個別好的機會上爭取獲得大利潤。

（1）我的投資哲學、理論、工具本身是能夠講清楚的，理解起來並不難。

我的助手學完以後，按圖索驥發現交易機會，是可以做到的。但是，真實交易一開始，我就發現，這樣根本不可行。他們根據體系事先設置交易警報，當市場出現符合要求的機會時，很快告訴我應該進場操作。一會兒這個品種，一會兒另外一個品種，甚至同一個品種都會提出很多次交易機會。這樣一來，一天可以給我提出幾十個不同的信號，把我弄得手忙腳亂、焦頭爛額。

問題出在哪裡呢？

　　一是他們沒有經驗、能力從整體的高度把握宏觀氛圍、趨勢、結構、K線形態，對交易信號進行合理分析取捨，很多買賣建議非常不著調。我經常和他們開玩笑，市場要騙我很難，我不太會上當，但很容易被自己的隊友騙，使我誤入歧途。

　　二是事後看來很好的信號，有些隨後走勢單純，有些實際演化過程非常複雜，需要經過多次失敗的嘗試才能抓住，很難提前預測出來，你不賭就不知道機會好不好。他們大多數時候提出的信號並不準確，操作失敗被止損的概率很高。品質不好的信號提多了，真正好的機會來臨時反而不敢相信，甚至都不敢提了。因為無數次失敗的配合，我們都對發現信號這個事情失去了信心，最後只好不了了之。

　　（2）知識可傳授，經驗不可傳授。

　　我在招聘助手，在他們正式輔助我工作之前，當然會教給他們我的交易思路、策略和工具等方方面面的內容。後來發現，相對客觀的內容，包括我的理論、方法、工具他們很快能夠學會。但是，當他們按照這套東西給我尋找交易機會時，卻顯得機械呆板，結果令我不可思議！

　　這裡面的問題出在哪裡呢？問題比較複雜，千頭萬緒，還不容易說清楚。既有交易規律的特殊性，也有我的原因，還有一點就是我意識到，交易知識可以傳授，經驗不可傳授。

　　《莊子》中講述了一個輪扁的故事，對我們理解這一點頗有啟發：

有一天，齊桓公坐在堂上讀書。一位叫輪扁的師傅在堂外做車輪子。輪扁忙碌了好久，感到有點累了，就跑進堂下休息一會。

輪扁抬頭一看，齊桓公坐在上面看書，就慢慢走上前去問齊桓公：「主公，您看的這是什麼書呀？」

齊桓公瞧瞧輪扁，又盯著自己的書說：「我看的是聖人的著作。」「聖人還活著嗎？」輪扁問。「聖人已經逝去啦。」齊桓公目不轉睛地回答。

輪扁若有所思地說：「那麼您讀這些書還有什麼用，應該都是古人的糟粕啊。」

齊桓公一愣，怒氣衝衝地瞪著輪扁：「寡人讀書，用得著你來多嘴嗎？！你怎麼敢說聖人的書是糟粕！你的話是什麼意思？說得出理由則罷了，說不出理由，寡人就問你死罪！」

輪扁說：「主公不要生氣。我是個做車輪子的，只懂得做車輪子的道理！我們砍削車輪的時候，一定要把握節奏，動作快了慢了都不好。這裡很多技巧無法用話語來表達。我自己對做車輪的技藝很熟悉，卻沒法傳給我的兒子，我兒子也沒法通過我的傳授而領悟到它。所以您看，我這麼一大把年紀，還得親自跑來給您做車輪子！由此我想到，聖人的道理也是無法用語言來表達的。聖人死了，道理也就跟著一起沒有了。記載在書本上流傳下來的，不都是沒有用的糟粕嗎？」

交易也是這樣，我的教訓告訴我，即使你具備了足夠的知識，沒有經驗，你連紙上談兵都談不清楚！當然不可能做好交易助手這

個工作。這個事情讓我再一次深刻地認識到，期貨交易是一個個人英雄主義的孤獨遊戲，需要自我獨立決策，並承擔由此引起的最終後果。一個對他人、對自己不負責任，逃避現實的人絕對做不做好期貨的。

（3）傷其十指不如斷其一指。

相當長時間，我對投資成功的認知有一個誤區，認為發現、抓住更多的交易機會、參與更多的品種是我努力的方向。

隨著投資認識的深入，我發現投資成功的核心不是去抓更多的機會，而是耐心等待，把某一個機會用好，把一個品種做精，當機會來臨時，用極大的意志力把交易機會用到極致。這樣的交易效果遠比發現十次交易機會，每一次都淺嘗輒止要好得多。從這個角度看，我當初希望抓住更多市場機會的想法是沒有多大意義的，交易理念是錯誤的。期貨交易不要採用攢雞毛湊撣子的策略，應該在不多的大機會、好機會上好好利用，重倉出擊。

巴菲特也曾表達過類似的觀點：

「我們的投資策略是集中持股，我們試著儘量不要這也買一點，那也買一點。」

「我們並不認為分散程度很高的投資能夠產生好結果。我們認為幾乎所有好投資的分散程度都是相對較低的。」

第三節

毫無疑問，
我只是一名交易員而已

如果能夠輕鬆地從期貨市場賺到錢，

我想，我是不會去冥思苦想。

而今我有另一個人生夢想：

希望多年領悟的交易方法複製到投資者身上。

<u>10</u> 交易行為管理是一個很有意思的話題，為什麼想到要做這個事
情，是助手幫助你做到知行合一的嗎？

　　這個事情嘗試了好久，想了無數的辦法改進，經歷了很長時間
的痛苦矛盾，結果也不理想。後來等我越來越清晰地明白了問題所
在，我對自己當初愚蠢的想法哭笑不得。但那幾年中發生的很多故
事卻令人深思，也讓我受益匪淺，對投資人生和期貨交易有了更深
刻的領悟和認識。

　　我之所以要招聘助手，對自己的交易行為進行管理，核心原因
是我知道自己在交易過程中做不到知行合一，希望在我非理性操
作時團隊能夠給予提醒和阻止。現在明白了，我的這種想法幼稚之
極，在沒有開始做以前，註定意味著結果失敗。從表面看，一個交
易員知行不一，只要有人適當提醒一下，似乎問題不難解決。實際
上這只是一個表像，背後是我的投資思路、心理心態等很多方面存
在著致命的缺陷，這些問題需要我自己，也只能是我自己才能解
決，外人是根本幫不上忙的。

　　一是我的思維方式問題。

　　思維方式是由一個人的哲學信仰決定的，信奉什麼樣的哲學決
定了你什麼樣的認知。我在 2000 年前後就開始認同康德先驗論哲
學，通過康德哲學知道世界本質的不可知，人的有限理性，我們永
遠不可能是全知全能的上帝等思想。承認自己是井底之蛙，承認自
己是瞎子摸象中的瞎子，非但不可恥愚蠢，恰恰是有智慧才能達到
的境界。

但是，接受一種新的哲學思想，並且能夠在思維、行為模式上一以貫之地落實，成為你的本能習慣，是一件極為艱難的事情。一個杯子裡的水不能喝了，你把水倒掉，再倒進去乾淨能喝的水，是一件非常容易的事情。但人的思維方式完全不可能一夜之間換成另外一種模式。

　　雖然我在理智上早就接受、認同康德哲學的思想，但那時我還不是康德哲學的信徒，這就意味著我內心世界除了康德，還混雜著其它與之矛盾的哲學觀念，包括經驗主義、理性主義，甚至中國古代哲學思想。

　　種瓜得瓜、種豆得豆。哲學觀念的混亂必然導致一個人思維方式的混亂。表現在金融市場，所謂知行合一的「知」是一種認識或者說知識，是由背後你的哲學觀決定的。當你內心有很多種不同的哲學思想交織混雜在一起時，必然讓你對市場的認知產生自相矛盾的混亂，由此也必然導致你的行為模式搖擺衝突、前後不一。

　　從表面上看，或者在別人看來，你在市場中經常出現非理性的舉動，仿佛沒有做到知行合一。從你自身角度而言，你的一切行為背後都有相對應的思想支持，其實不存在知行不一的問題。

　　如果我真的只信奉康德哲學，心安理得地承認自己的有限理性，承認自己在市場中只是一隻井底之蛙，一個瞎子摸象中的瞎子，就根本不會對市場有那麼多的非分之想，也不會有那麼多超出自己能力圈的非理性舉動。

　　如果我的思維模式是合理的，是前後一致的，還需要有人為我

的知行合一擔憂嗎？還需要別人的幫助嗎？

二是我的投資理念問題。

因為受到康德先驗論哲學的影響，我提出了自己的投資哲學—投資的理論、模型、假設決定市場觀察和操作。至於這種投資哲學合理與否，可以見仁見智，但它確實是我的真理。

在投資市場，當我形成這樣的思維模式之後，對我而言，我到底選擇、信仰什麼樣的投資理論、模型對我的投資成敗就有了至關重要的意義。

但是，在這個問題上，我當時犯了重大錯誤。我們知道，期貨投機必然會涉及巨大的金錢輸贏，因為人的天性本能，既然投資理論、模型的選擇如此重要，我對自己做出的選擇、取捨肯定會慎之又慎，斟酌再三，這種謹慎嚴謹的態度當然是合理的，是對自己投資命運的高度負責。

然而，不管你選擇了什麼樣的投資理論，無論是基本分析、技術分析還是別的什麼理論，這個市場裡肯定不可能存在著一種完美的理論，讓你在理解市場、判斷市場上占盡先機、準確無比，在實際交易中百戰百勝。你選擇喜歡一個人，意味著你在接受他的優點的同時，必須同時接受他的缺點。

在投資理論上，我選擇了用趨勢、結構思想來理解市場，解釋市場，給市場定位，由此決定自己的操作方向。這套理論固然有它的合理性，有它的巨大價值。但在當時，我把它神化了。當我偏執地堅持自己的投資理論，完全按照理論模型提示的要求操作時，表

面上似乎做到了知行合一，本質上是對投資理論認識膚淺，沒有完整的投資理念。

投資理念是一個內涵豐富的概念，包含一個人的投資目的、投資哲學、投資理論、投資策略、投資風險管理等很多方面。完整的投資理念需要從抽象到具體，把交易各個環節、各個要素系統地整合在一起，形成能夠自圓其說的邏輯鏈條。這個鏈條中的每一個要素，有其優點的同時，必然包含相應的弱點。但是，當它們組合在一起，成為一個有機整體，形成一套作業系統時，其中某個要素的重要性已經降低，它的缺點對系統總體的結果不會造成致命威脅。

所以，成功的交易並不需要你選擇的投資理論、模型從不犯錯，完美無瑕。通過交易系統其它要素的制約配合，我們完全可以接受一種有優勢但同時也有明顯缺點的投資理論。相反，如果你過於迷戀你的理論模型的準確性，抓住一點不及其餘，本質上是缺乏投資交易的系統觀，沒有完整深刻的投資理念。

任何投資理論模型都有適應性和不適應性，只有具備正確的投資理念，你才能心安理得地接受每一次交易結果的不確定性，賺你該賺的錢，虧你該虧的錢，願賭服輸。如果從這個高度理解投機交易，知行合一將不再是一個需要依賴外在幫助的難題。

三是我的心理心態問題。

現在看來，在我投資思路和體系還沒有構建完成時，希望借助其他人的力量來改變自己在投資市場的命運，是無知可笑的，完全不可能。良好的投資心理心態不是自己想有就有的，只能在完善的

投資體系基礎上才有可能形成。

　　這麼多年，我一直在思索知行合一這個投資行業古老的難題，也曾為此冥思苦想。我在本書投資信仰這一章，對如何解決這個難題從三個角度做了一些探索，希望對大家有所幫助。

　　第一，借助佛學的戒、定、慧思想來解決投資市場中如何做到知行合一。

　　按照我的理解，交易市場中的「戒」，指的是投資者要有所為有所不為；交易市場中的「定」，指的是一旦確定了自己的交易理論體系，就要一心一意，目標專一，控制自己的情緒、心態；交易市場中的「慧」，體現在兩方面，一是交易技術上的精進，二是交易方法由術轉道，提升境界。

　　第二，我自己歸納了三個詞：收心、守心、修心，從心理、心態演化過程闡述如何做到知行合一。

　　所謂收心，對於投資者來說，就是必須要有舍有得；所謂守心，一是有耐心等待，不是我的機會坐著不動，二是守護我們的交易信仰，忠貞不二；所謂修心，指的是在生活的方方面面有意識地去磨煉人的內心世界，「功夫在詩外」。

　　第三，從知道、相信、信任、信仰四個層次試圖解決金融市場如何做到知行合一。

　　我把交易員思想和境界的提升分為四個階段。「知道」是一個知識接受過程；「相信」階段的投資者，已經知道體系的優缺點，但在思想上有雜念，對體系的態度是實用主義的，不能一致性地做

到知行合一；「信任」階段的投資者，除了某些特殊情況，基本上能做到知行合一；「信仰」階段的投資者，純粹地只用自己的方法去觀察市場、理解市場，能夠毫不動搖地據此行動，把投資當做一種信仰。

上面提出的這些思想，只是個人為解決我在交易員訓練過程中如何做到知行合一所做的一點嘗試性探索，也未必對，僅供參考。

11 在你辦公室最醒目的位置，掛的是「君子憂道不憂貧」這句孔子名言，在微博中也把它作為座右銘，似乎你用這句話作為人生追求的方向和目標，為什麼？

開個玩笑，如果你再晚來幾天，我牆上掛的字會和現在不一樣，我已經請了幾個書法家給我寫了另外一句名言，準備從中挑選一幅自己最喜歡的，把「君子憂道不憂貧」這句話換下來。

作為一個期貨交易員，我選擇這句話作為自己的座右銘確實有點特別，這可能和我的哲學背景有關吧！哲學總是喜歡思考世界上最本質的事情，我把它用在投機市場，也是想表達我追求投機成功之道的理想。

其實當初進入期貨市場的目的非常單純，就是想擺脫生活上的窘境，達到財務自由，從而人生自由。

所以對我來說，我做期貨本來就是一個簡單的求財、發財目的，哪裡會對談玄論道有什麼需求？但是，人生往往就是這樣，一旦你選擇了投資人生的冒險之路，就像上了一趟不知開往何處的列

車，回到過去已經不可能了，未來的命運已經遠遠超出了你的控制力和當初的想像。

如果我能夠輕鬆地從期貨市場賺到錢，我想我是不會去冥思苦想關於投資成功之道這類無聊的問題的。即使現在，我在期貨交易中的朋友，也很少對投資深層次的問題有多少興趣。

我當初之所以會喜歡上這句格言，道理也很簡單，其實是因為求財失敗最後被迫開始求道，我在投資操作的同時，也同時成為金融市場方法的思考者、探索者。這就是我「君子憂道不憂貧」這個想法的來源。

其實我當初之所以喜歡這句話，裡面隱含著一個潛在的假設：市場交易成功有一個「道」存在，也可以說市場交易有一個「聖杯」，只要努力研究，我就能夠得到這個所謂的「聖杯」，從此交易就會如魚得水，打遍天下無敵手，賺錢再也不費吹灰之力，我的投資生涯將一馬平川。從此，白雪公主和王子就能過上幸福的生活。

現在回頭看來，這種思維模式是錯誤的。世界上並不存在這樣一個所謂的「成功之道」。如果期貨交易存在著「道」，無非是成功交易的一些基本原則而已：順勢而為、嚴格控制虧損、讓利潤奔跑、投資者要建立自己的能力圈、投資要有紀律、有規則、投資者要有大視野、要有耐心等等。這些原則是抽象的投資成功的描述，你說它沒用吧，聽起來很有用；你說它有用吧，就像紙上談兵的趙括，一遇到實際問題幾乎全部都是廢話。

當然，平心而論，現在看來也許我這句話太空洞，幾近廢話，

但在我漫長的投資人生中，它還是起過很積極的作用的。至少讓我在困境中有一種追求，有一種希望，在探索期貨成功的道路上給了我巨大的力量。

我把期貨投資的悟道之路分為上山和下山兩個境界。「君子憂道不憂貧」。十年一夢，由術到道其實只是期貨探索路上走了一半，即完成上山的那一半目標。但是，「高處不勝寒」，遠離紅塵十年練劍的目的何在？難道是為了成為「劍癡」、「武癡」？我想應該不是的，最終目的依然是為了下山建功立業。

在投機市場，我的書生氣太重了，知識份子的清高、孤傲和自負是我投資人生中最大的障礙。我在道的追求上走得太遠了，竟然忘了還要走完下山這一半，我心中的道接了地氣，這樣追求的道才是功德圓滿的最高境界。

長期以來，我一直不屑參與各種各樣的期貨行情研討會。為什麼呢？從我內心深處而言，一直有一種愚蠢的自負，有一種強大的優越感，覺得自己掌握的是投機成功的一般規律、高級規律，這些智慧、原則、體系、套路，是放之四海而皆準的，根本用不著討論具體品種的走勢。市場行情來了，還用到處調研？研究來研究去，按照我的體系，只要幾秒鐘就能分析清楚，套路一出手，就能夠解決交易的一切問題。

多年前在十渡，我參加了某個公司安排的討論會，當時國內投資行業的很多大腕在場，包括央企的幾個著名操盤手都在。我對這種在我看來俗不可耐的基本面、資訊方面的討論完全不感興趣。

　　另外一次是某期貨公司組織的一個活動，我應邀勉強參加了，舉辦方領導讓我最後說兩句，我不識時務地說這種討論毫無意義，實在是一個不接地氣的傢伙。

　　「君子憂道不憂貧」這種思想本身並沒有太大的問題，只是需要我站在更宏觀、更立體的立場去看待。「秀才不出門，能知天下事」這種書生之見，已經完全沒有立足之地，金融市場更是如此。一套良好的操作思路、策略、方法，一定是投資者經受了無數的痛苦和磨難才得到的。但是，道不遠人，道需要接地氣，否則就會成為無源之水，無本之木。我們的投資思路、趨勢結構理論完全能夠解釋、把握市場長期運動方向，但是，對於投資來說，我們交易的是一個一個具體的股票、商品，普遍性要和特殊性相結合。現在資訊社會，資訊數量龐大，傳播速度極快，我們要高度重視當下宏觀氛圍、基本面資訊、市場情緒，也就是要下山接地氣。我追求的道不能成為不食人間煙火的空洞理論，否則就會成為束之高閣的倚天劍和屠龍刀，只是完美的擺設而已。

_12_　你曾多次談到，雖然交易積累了無數經驗教訓，投資結果卻徘徊不前，看不到希望。有人說，經歷是人生最大財富。既然經歷過這種漫長痛苦卻暗無天日的歲月，應該有過很多次的自我超越和人生頓悟，能簡要地講這種突破發生的契機和結果嗎？

　　這一部分詳細的內容我在後面的投資哲學、投資理論、投資思路、投資信仰章節會作解釋。這裡我簡要地描述一下在我投資人

生、投資思想演化中意義最大的幾件事情吧！

一是我在早期投機失敗，苦悶絕望時突然讀到傑西‧李佛摩的《股票大作手回憶錄》的那一剎那，那種相見恨晚、心心相印的震撼至今不能忘懷，我知道我的投資人生永遠不可能擺脫這個人的影子了。我用唐代詩人韓愈的「天不生仲尼，萬古長如夜」這句話來形容傑西‧李佛摩在我的投機生命中的地位，確實是發自內心深處的崇敬！我立刻把他奉為我精神世界的導師和投機領域的引路人。

二是 2000 年前後，因為康德先驗哲學的啟迪，我在哲學思想上拋棄了經驗主義、理性主義和教條主義的獨斷，在世界觀上完全接受了康德思想：我們看到的永遠只是世界的表像，世界的本質不可知，甚至可以說沒有本質。接受了康德「人為自然立法」、「人為自我立法」，強調人的主體地位的哲學思想，這是我思維模式的重大轉變。從此，用佛教的一句話解釋就是我從「心由境造」境界轉變為「境由心造」的境界。這種轉變是我建立自己的投資哲學—投資的理論、模型、假設決定市場觀察和交易的直接理論依據。

三是 2005 年前後，我在投資理論、投資工具的運用過程中意識到，世界上任何理論都只是從某個立場、角度去解釋市場、理解市場，有其優點的同時必然伴隨著缺陷，「為學日益，為道日損」，投資理論、工具選擇的唯一性、純粹性而不是兼收並蓄，是我思維上擺脫迷茫混亂、行為上走出無所適從和自相矛盾的唯一路徑。

四是我意識到了信仰的力量。無論我選擇什麼樣的投資哲學、投資理論，如果我不能從知道邁進到相信、信任、甚至信仰的境

界，我的一切知識、智慧將變得毫無意義，無論是現實世界還是金融市場，人類思維、行為最強大的動力就是信仰的力量。如果我不對自己的投資體系上升到信仰的高度，我以往投資人生中所經歷的一切痛苦就是在浪費生命。

　　五是我由此確立了合理的投資思路和策略，並且內化於心，外化於行，在漫長的投資生涯中逐漸形成了自己相對成熟的投資體系和投資風格。孔子登東山而小魯，登泰山而小天下。我當然知道任何投資思路和策略都不可能完美，自己未來的投資人生之路依然不會一帆風順，依然會跌宕起伏，但這一切用一句話來說就是「盡人力，聽天命」，我對自己的選擇無怨無悔。

13　這麼多年你一方面做交易，一方面帶團隊，還在很多地方講學，如何給自己定位？

　　做了 20 多年期貨投資，我把人生最美好的歲月都留給了金融市場，現在依然每天看盤、交易，我還能給自己怎麼定位呢？毫無疑問，我只是一名交易員而已。

　　因為偶然的原因「誤入期途」，從此，我的人生命運就和我的投資命運如影隨形，緊緊地聯繫在了一起。也許你覺得不可思議，我的真實生活確實只是投資的一部分。當我想到這段話的時候，自己也啞然失笑，頗感驚訝！

　　我曾經反復思考過我的人生到底在追求什麼，想了很久也沒有答案。我很喜歡蘇軾的這首詩，「人生到處知何似？應似飛鴻踏雪

泥。泥上偶然留指爪，鴻飛那複計東西？」確實，人生本來就是一場偶然，在大千世界，我們都是匆匆過客。

　　我們誰都無法完全把握自己的命運，尤其是這麼多年經歷了期貨市場風風雨雨、大起大落的殘酷考驗以後，我更覺得人生的命運難以捉摸。當初我進入投資市場的時候，其實和大多數投資者一樣，目的很單純，只是求財而已。但是，期貨成功的艱難程度遠遠超出了我的想像。不知不覺中，為了尋求期貨交易的成功之道，我自己都覺得自己的身份變得複雜了，不只是一個交易員，還是一個期貨市場的求道者、悟道者。這幾年，我之所以訓練交易員，固然有自己公司的資產管理需要操盤手的原因，也有另外一個人生夢想，那就是希望能把自己在市場中這麼多年領悟的交易方法複製到普通投資者身上。

　　令我感到非常驚喜的是，我訓練的交易員之中確實出現了我希望看到的理想情形，從某種程度上講，他們的操作業績甚至比我的還要好。未來，我希望在操盤的同時，自己還作為一個教練，能訓練出一批優秀的交易員，實現他們和公司共贏的夢想。從我的內心來說，這樣的投資人生也很有意義。

　　所以，我也不想弄清楚我到底是一個什麼樣的人。交易員、佈道者、投資思想家？我覺得孔子編寫完《春秋》後說的一段話和我的內心世界很吻合：

　　「知我者，其惟《春秋》乎！罪我者，其惟《春秋》乎！」

　　孔子這段話的大意是：我做的這些事，寫的這本書，後人一定

會毀譽不一，但只要我認為這是對的，是有價值的，不論別人如何評說，我都會堅定地做下去，任由天下人評說。

14 關於投資交易方面的書籍很多，可以說是汗牛充棟，一般投資者很難區分好壞，能給讀者朋友們推薦相關的經典書籍嗎？

就我個人而言，現在很少看投資方面的書籍，尤其是關於投資技巧、策略、方法之類的書。如果說一定要我推薦這方面的書，我倒覺得，投資者看看對自己的人生修養、精神境界方面提升有幫助的書更有意義。「功夫在詩外」，我的一個朋友譚曉旭先生說過的一段話非常有意思：

「期貨投資，與其說是技術，不如說是藝術，與其說是賭博，不如說是拼搏，與其說是做盤，不如說是做人。每一張單都透射出人性的色彩，品性的貴賤。」

所以，我想推薦我自己喜歡的幾本書給讀者，這些書曾經在我的投資人生中給我很大的啟發，也是我至今非常感興趣的－－

◎ 丁聖元先生翻譯的《股票大作手回憶錄》、《傅雷家書》

◎ 李澤厚先生的《美的歷程》和《批判哲學的批判》日本新渡戶稻造的《武士道》

◎ 德國思想家馬克思・韋伯的《新教倫理與資本主義精神》卡沃爾的《趨勢跟蹤》

◎ 彼得・L・伯恩斯坦的《與天為敵》

投資市場需要哲學智慧

投資者應該走在市場前面，絕不能讓市場牽
著自己鼻子走。如果投資者毫無目的地觀察
市場，看到的只能是市場價格的隨機波動。

受到康德先驗哲學思想的啟發，我提出了投
資的理論、模型、假設決定市場觀察和交易
這個投資哲學。

第 一 節

大師之所以是大師，
在於其哲學與理論構建與眾不同

凱恩斯以自己的見解為基礎進行預測；

巴菲特的智慧和思維方式是成功的核心；

索羅斯總在投資之前精心構造自己的假設。

01　為什麼要談投資哲學？

乍聽之下，大家可能感覺很奇怪—哲學跟我們的金融交易，跟市場中投機者每天具體的買進賣出似乎風馬牛不相及，二者之間有關係嗎？但是，做了二十多年投資，如果在交易理解上有一些感悟或者說思想昇華，我體會最深的恰恰不是經驗、方法、技術之類的積累和進步，而是投資哲學的思考和實踐，對我的交易命運產生了重大的影響。周國平說：哲學是觀察世界的角度學、思路學，思路一變，你眼中的世界也隨之改變。誠哉斯言！

02　什麼時候開始思考投資哲學問題？

我是哲學專業出身，上學的時候是個書呆子，有理論研究的偏好，也算是有一點學術功底。在我投資生涯最為黯淡、困頓的日子裡，對投資哲學的深入鑽研使我發現了轉機，哲學對我交易生涯的影響非常非常大，無論是西方哲學還是中國哲學，都給了我很多啟發和幫助。

在我剛進投資市場的那些年裡，所學的哲學知識一點也沒能用上。那時我完全就是市場中的一個賭徒，瘋狂地買進賣出，有時候贏有時候輸，根本沒想到哲學對交易有什麼用。

1995 年 327 國債事件中，我曾經在極短暫的瞬間達到了人生的最頂峰，一天掙了 690 萬。那個時候覺得天下唯我獨尊，已經徹底領悟投資之道，掙它三五個億只是個小目標，雖然不敢狂妄到按天來計算，想象中有三五個月的時間就足夠了。但是，一段時間之

後，我突然發現掙來的錢都輸沒了。

按正常道理，我們做一件事情往往經驗越豐富，水準應該越高。但是，投資交易確實很怪異，剛開始交易的時候沒有經驗，當然也沒有大的虧損，人的心態是比較好的，該賭的時候真敢下注，沒有恐懼，運氣總是站在你這一頭。等到後來有了點經驗—更多的是虧錢的經驗，心態就會變得不好，這時候既憤怒又著急，賭徒的心態非常強烈，交易結果可想而知。

有一段時間，期貨市場對我來說簡直像個老虎機，運氣好的時候，你塞進去的錢還能吐出來一點，大多數時候是只往裡吞不往外吐。

山窮水盡以後，我開始反思自己在交易中出了什麼問題。前思後想，我問了兩個問題：

第一，我是怎麼把這些錢虧掉的？

第二，在市場交易中，到底有沒有成功之道，有沒有一條確定的盈利之路？

這時候我突然發現：反思不就是哲學的基本特徵嗎？西方哲學的抽象思維、辯證思維的嚴謹邏輯，比如說康德先驗哲學，能夠讓我更深刻地認識市場、理解市場；中國古代哲學的價值觀、人生態度，比如老莊哲學、王陽明心學等，對我修身養性、瞭解自己、超越自我非常有幫助，是我安身立命的依靠和精神家園。

03 東方哲學中有「事緩則圓」一說，你覺得對投資者緩解交易壓

力，培養良好的心態有沒有價值？

「風物長宜放眼量」。做投資的人每天跟錢打交道，有時候輸，有時候贏，輸的時候覺得自己是個白癡，贏的時候覺得自己是個天才，對輸贏得失看得很重。按照莊子的說法，這些東西都是身外之物，應該超然地看待，甚至都是應該拋棄的。如果看得太重，執念太深，反而掙不到錢。

後來我確實在金融投資市場領悟到這麼一個悖論，你越急功近利，越想掙錢，反而越掙不到錢。當你對每一次交易的輸贏得失看得更淡一些，從更長遠的角度理性地看待投資成敗，更注重交易過程、交易行為的合理性、邏輯性，反而能做出更理智的行為，對投資結果有更正面的價值。

04　一般投資人與投資大師，兩者對投資哲學態度上有什麼差異？

很多投資者對於投資哲學這方面的內容往往關心得比較少，思考、研究上投入的精力更少，更多的是關注市場行情和交易理念、策略之類的東西，當然這也是很務實的作風。在我看來，投資哲學是我們交易的基礎。很多著名的投資大師之所以成為一代宗師，我想不僅僅是因為他們取得了驚人的投資回報，更是因為他們在投資哲學和投資理論的構建上與眾不同，比如著名的投資大師索羅斯，雖然他宣稱他的投資思想源於波普哲學，其實在波普哲學應用於金融市場交易方面，他是有創新和發展的，他的反射性理論深刻地揭示了金融市場趨勢運動的特徵，就和波普哲學沒有多大關係。

05　在交易市場遇到什麼樣困惑，才讓你思考、構建投資哲學？

20 世紀 90 年代，我既有過輝煌的戰績，也多次經歷了爆倉的痛苦。我當時寫了無數反思日誌，試圖找到通往成功投資之路的答案。但是，由於缺乏明確的交易思路，缺乏評判交易行為的合理標準，這種努力並不能解決問題。

我上學的時候，馬克思主義哲學是必修課，那時我們經常用調侃的語言把馬克思主義哲學簡單歸納為三條：世界是物質的，物質是運動的，運動是有規律的。我們都深受這種思想的薰陶，也對此深信不疑。在進入金融市場之後，自然而然也秉持這種觀念，我曾不斷嘗試各種交易方法，試圖去破解市場價格運行的規律。經過無數次碰壁之後才恍然大悟，金融市場的特徵就是善變，市場是混沌的，運動是沒有必然規律的。既然這套哲學思想在金融交易中不管用，那麼什麼樣的哲學思想能夠幫助我更加深刻、透徹地理解金融市場的運動方式呢？

我在大學時代就非常喜歡康德哲學，當時其實也讀不懂康德，李澤厚先生的《批判哲學的批判》讓我對康德思想有所瞭解。我突然發現康德的先驗哲學是非常科學的，受到他先驗哲學思想的啟發，我提出了投資的理論、模型、假設決定市場觀察和交易這個投資哲學。

第二節

因著康德哲學，
我提出先有理論後有觀察

理解金融市場的過程中，創建理論、模型、工具，
本質上就是為了幫助我們解釋市場、定位市場，
從而為我們的行動確立客觀的依據。

06 「投資的理論、模型、假設決定市場觀察和操作」是你的投資哲學？

是的。這個理論乍一聽讓人莫名其妙，要講清楚確實有點費勁。我大概是在 2000 年前後的時候，受到康德哲學的啟發形成這個思想，或者說是我的投資哲學的。當時很興奮，和一個朋友講了很久，他也沒有聽懂我在說什麼。現在看來，實際上不是他笨，而是我當時根本講不清楚。我只是隱隱約約覺得這個思想很重要，但實際上花了十多年時間，我才明白當時提出的這個哲學思想的真正內涵，才真正意識到這個東西對我形成自己的市場觀和思維模式的巨大價值，它在我後來十多年的投資交易中起著決定性的作用。

07 我們都不是學哲學的，對康德瞭解很少，請簡單介紹康德。

在西方的哲學史上，康德是一個非常牛的人，他花了 30 多年時間，每天做著枯燥的哲學研究，創立了「先驗哲學」這個思想流派。他先後寫了三大批判，由此奠定了他在西方哲學史上不可動搖的崇高地位。康德哲學是西方古典哲學和現代哲學的分水嶺。

康德是德國人，一生沒有離開過科尼斯堡這個小城市。二次世界大戰以後，康德的故鄉已經劃到蘇聯，現在俄羅斯境內。在世俗人眼中，康德這個人非常怪異，一輩子沒結婚，生活刻板單調但極有規律，他每天下午三點準時出去散步，當地的人甚至拿他的出現來核對鐘錶。

康德的思想非常晦澀難懂。100 年以前，中國就已經有人開始

試圖瞭解康德，但是一直沒有能力把康德的著作翻譯成漢語，根本的原因是漢語文化體系裡面沒有德國哲學體系的某些概念，甚至說德國人想過的問題，中國人從來就沒想過，當然就沒有相應的詞彙來表達康德哲學的概念。就像佛經當初翻譯過來的時候一樣，佛教世界裡的一些概念，在當時中國的文化裡面也沒有，比如說涅槃、般若這些詞，都是硬生生譯過來的，當然，隨著時間的推移，中國人慢慢開始理解這些詞彙的內涵了。

康德的書引進到中國，最早是從日文翻譯過來的，後來又從英文譯本翻譯成漢語。直到最近十幾年，國內一批專家學者才把康德哲學的原著從德語翻譯成中文，230 多年前出版的《康德全集》終於有了完整的中文版。

哲學有一個功能是鍛鍊人的思維能力，如果你經常看康德的書，你會變得聰明。為什麼？康德的書，就算你每個字都認識，連在一起，即使是 200 字的一個小段落，你念完一百遍以後也未必知道他在說什麼。前段時間我這幫學生有不服的，我買了一套《康德全集》給大家看，大家嘗試了一下，一致決定不看那個原版了。不信你也可以去試試。

08 康德的哲學思想主要講什麼？

15、16 世紀歐洲文藝復興以後，西方發生了工業革命，生產力高速發展，社會進程速度非常快，根本原因就是因為科學力量對文明發展的有力推動。

當時科學已經很發達了，而解釋科學為什麼能成立的哲學理論卻遠遠跟不上科學發展的步伐。科學知識為什麼能夠成立？在回答這個問題的過程中，當時歐洲哲學分成兩個流派，一個是唯理論，一個是經驗論，兩派爭論不休，都試圖解釋科學知識到底是怎麼來的，科學知識為什麼能成立。

經驗論認為，知識一定是來自人的經驗。比如說我們看到太陽曬著塊石頭，石頭一會兒就熱了，這種因果關係就建立起來了。所以經驗論認為，科學知識來自經驗的積累。但是，唯理論認為這個說法是很荒唐的，唯理論強調知識不可能單純來自於人的感性經驗，因為經驗經常是錯的，一百年經驗加起來，也不可能形成科學理論。唯理論強調邏輯、理性才是科學真正成立的核心。

但是，無論是經驗論還是唯理論，在康德看來這兩種哲學都有缺陷，都不能真正解釋清楚科學知識為什麼能夠成立。

康德的先驗哲學綜合了經驗論和唯理論，試圖更加深刻、全面地解決科學知識為什麼能成立的問題。

09 你提出「投資的理論、模型、假設決定市場觀察和交易」，依據是什麼？是康德思想的體現嗎？

我的投資哲學確實直接來源於康德哲學的啟發。說起來很偶然，2000 年前後，當時國內期貨市場只有幾個品種在交易，而且市場非常不活躍，日內波動極小，有時候半年都沒有幾次像樣的趨勢行情。百無聊賴之中，除了偶爾看看行情，讀康德哲學是最能消磨

時間的。當讀到《純粹理性批判》中下面這段文字時，我內心受到了強烈的震撼，突然有茅塞頓開之感。

康德在《純粹理性批判》裡寫道：

「理性只是洞察到它自己按照方案造出的東西，悟到理性必須挾著它那些按照不變規律下判斷的原則走在前面，強迫自然回答它所提的問題，決不能只是讓自然牽著自己的鼻子走；因為如果不這樣做，那些偶然的、不按預定計劃進行的觀察就根本不會聯繫在一條必然的規律裡，而那卻是理性所尋求、所需要的。理性必須一隻手拿著原則，拿著那些唯一能使符合一致的現象成為規律的原則，另一隻手拿著自己按照那些原則設計的實驗，走向自然，去向自然請教，但不是以小學生的身份，老師愛講什麼就聽什麼，而是以法官的身份，強迫證人回答他所提出的問題。」

對於沒有受過哲學訓練的人來說，這段話確實令人費解。用通俗的話來講，在康德哲學裡，物質世界表像背後並不存在著一個秘密的規律、本質，等待著科學家去尋找、發現。自然科學規律的發現需要科學家帶著理論模型、科學假設去觀察世界、拷問世界，通過比對，才能知道自己的理論正確與否。

理解了這個思想以後我就想，康德用來解釋科學知識如何成立的思維模式，完全可以套用在金融市場裡，市場背後並不存在著不以人意志為轉移的規律，如果要科學地觀察市場、理解市場，我們

頭腦中必須先形成理論、模型、假設，通過和市場比對，才能驗證我的思想是否合理，能否作為市場定位的標準和交易的依據。

按照這樣的思路，我發現上面那段晦澀難懂的思想，如果把文字裡「自然」兩個字改成「市場」，用金融市場的語言來描述，作為交易者就非常容易理解了：

每一個投資者，只能通過自己特定的市場理論、價格模型、交易系統去觀察理解市場，確定市場運動的狀態和價格變化的關鍵特徵。投資者應該走在市場的前面，絕不能只是讓市場牽著自己的鼻子走。如果投資者頭腦中沒有這些事先預定的理論、原則、框架、模型，毫無目的地觀察市場，看到的只能是市場價格隨機的波動。

由此，我提出了「投資的理論、模型、假設決定市場觀察和交易」這一投資哲學。

10 康德先驗哲學，是為了解決科學知識為什麼能夠成立的問題，在科學研究領域，這種思想有人認同嗎？

有！大科學家愛因斯坦就是康德的忠實信徒，他在科學研究中的思維模式和康德的先驗哲學思想完全殊途同歸。愛因斯坦書中提出的很多觀點，雖然用詞上和康德哲學稍有差異，但本質思想幾乎就是康德哲學：

「簡單的事實是，沒有一種相關的理論框架，就不可能有測量、實驗與觀察。」

「借助于思維一我們全部感覺經驗就能夠整理出秩序來，這是一個使我們嘆服的事實，但卻是一個我們永遠無法理解的事實。」

「這好像是說，在我們還未能在事物中發現形式之前，人的頭腦中應當先獨立地把形式構造出來。」

「這條真理是：知識不能單從經驗中得出，而只能從理智的發明同觀察到的事實兩者的比較中得出。」

「先有理論，後有觀察。」

愛因斯坦的科學發明完全是建立在直覺的創造之上的，他強烈反對以可觀察量（經驗實在性）為準繩，認為理論不是發現而是發明。他提出的「廣義相對論」，當時只是一種假設，可能是受到了前人理論的啟發而創造出來的，但肯定不是通過簡單地觀察自然現象發現的。一百年以後，隨著現代科學的高速發展，有些假設得到了科學的證明。比如說，天文學界原來有一個現象一直解釋不清，按照愛因斯坦的理論計算，太陽系的行星周邊應該還有一個行星，否則資料總是對不上。當時的科學技術解釋不了，現在發現真的還有一個星的存在。愛因斯坦的這一理論得到驗證，說明它有科學性、合理性。

有人說，從某種意義而言，科學不是發現而是發明，我非常認同這種觀點。康德哲學提出「人為自然立法」，我覺得這種思想同樣可以用於投資市場：「人為市場立法」，這就是我的投資哲學想要表達的核心思想。

_11_ 你的投資哲學理解起來太費勁了，能否用生活中的例子闡述？

其實，看起來晦澀難懂的投資思想，理解起來也沒有那麼複雜。簡單地說，在我看來市場背後並沒有什麼所謂的規律、本質，你用什麼樣的理論和思想去看待市場，給市場定位，你就看到了什麼樣的市場，你就會有什麼樣的投資行為模式。

我舉兩個生活中的例子，都是因為人類創造出來的規則、秩序、理論，從根本上改變了我們的世界觀和行為方式。

地球儀上面有經緯度，有了它的幫助，我們可以對全球任何地點進行精確定位，以此為依據，飛機、輪船、城市在地理上的位置就非常清晰。如果沒有經緯度標準，我說我在這裡，你說你在那裡，現代社會的人類生活將完全無法想像。

但是，地球本身並沒有經緯度，這只是人為制定的一個遊戲規則。你能說地球的經緯度是科學規律嗎？

肯定不是。

當初在設置經緯度的時候，把零度經線設置在倫敦格林尼治天文臺那裡，其實有很大的偶然性，沒有必然的依據。理論上，把零度經線設置在地球上任何一個地方都沒關係。但是，這種規則一旦約定俗成，往往極難改變，大家就只能遵循這個遊戲規則，否則你和世界將無法溝通、格格不入。

再比如我們現在常見的電腦鍵盤，鍵盤上的字母為什麼要用這麼混亂的排序方式？19 世紀 70 年代，肖爾斯公司是當時最大的專門生產打字機的廠家。由於當時機械工藝不夠完善，使得字鍵在擊打之後

的彈回速度較慢，一旦打字員擊鍵速度太快，就容易發生兩個字鍵絞在一起的現象，必須用手很小心地把它們分開，從而嚴重影響了工作效率。為了解決這個問題，設計師和工程師想到一個辦法：通過把字母的位置設置得相對混亂，降低擊鍵速度。從那以後約定俗成，沿用至今，你現在改一下排序方式人們一時還真不習慣呢！

我想，人類為地球劃分經緯度、固定鍵盤上字母的排序這樣的思維邏輯，投資市場中同樣需要。我們在理解金融市場的過程中創建投資理論、模型、工具，本質上就是為了幫助我們解釋市場，為定位市場，從而為我們的行動確立客觀的依據。

什麼樣的理論選擇決定了你看到什麼樣的世界。

你選擇了本傑明‧格雷厄姆、沃倫‧巴菲特的價值投資學說，你眼中看到的市場，價值和價格的關係就是你的投資座標，你就會把精力集中在尋找價格遠遠低於其內在價值的股票上。

你選擇了市場趨勢理論，認為市場價格以趨勢的方式波動，你就不會過於關注交易對象本身是什麼，市場價格是高了還是低了，一切交易都是圍繞市場趨勢的開始和結束為標準。

如果你是一個短線交易者，你可能對市場的長期趨勢並不感興趣，關心的往往是市場短期的價格變化，從中尋找適合自己的交易機會。

可見，投資者選擇和相信什麼樣的市場理論、假設作為市場觀察和交易決策的標準、依據，是一件關係重大的事情，某種程度上幾乎決定了一個人的投資命運。

_12_ **按先驗哲學的理解，世界的本質是不可知的，如果這種說法成立，是否我們永遠不可能找到永恆的絕對真理或者科學規律？**

我認為是這樣的，現代科學的發展也越來越證明這個觀點是合理的，尤其是量子力學理論。

有一次，愛因斯坦去做演講的時候，他給大家提出了一個問題，說：「兩個人同時從煙囪裡爬出來，一個是乾淨的，一個是髒的，你想誰會去洗澡？」。

聽眾們回答：「當然是髒的人去洗澡。」其實他們做出這樣的回答，是因為站在協力廠商的角度來看問題的，身為第三者可以看到一個人相對乾淨，另一個人相對髒兮兮。

但是，我們如果從這兩個人的角度來看，就是另外一回事了。這兩個人從煙囪中爬出來，面對面站著，我看見的是你，你看見的是我，對吧？髒的人看見對方是乾淨的，以為自己也很乾淨，他為什麼要去洗澡？因為一起從煙囪裡爬出來的，既然你是乾淨的，那我也應該是乾淨的，對吧？而乾淨的那個人看見對方，他以為自己也是髒的，所以說誰會去洗澡呢，是乾淨的那個人會去洗澡，髒的那個人反而不會去洗澡。

當然，這裡指的是這兩個人都看不見自己衣服的情形下，意味著我只有通過你來瞭解我自己，你只能通過我瞭解你自己，結果就會出現誤判。

愛因斯坦繼而又提出一個問題，既然兩個人都是從煙囪裡爬出來的，不可能一個人髒一個人是乾淨的。仁者見仁，智者見智。後

來愛因斯坦提出一個觀點：

世界上沒有絕對的真理。

_13_ 世界上沒有絕對的真理，真理都是相對的，這比較好理解。但
你提出「投資的理論、模型、假設決定市場觀察和交易」、
「人為市場立法」這一投資哲學，似乎過於強調投資者的主體
性、創造性，完全漠視市場本來面目，甚至否定市場運動有客
觀規律存在，聽起來讓人耳目一新，但是不是太極端了？

　　我是做期貨交易的，理論研究或者說求道固然有我個人興趣愛
好的原因，但最終目的肯定是為了求財。我並不想為了成為投資
理論家而標新立異。理解世界的方式不同，我們對世界的看法就不
同，這種差異本質上源於哲學觀不同，就像「日心說」和「地心
說」之間水火不容。在我看來，你所說的市場本來面目，市場運動
有客觀規律存在等觀點，純粹是你臆想出來的。你說英語，我說日
語，我不知道你在說什麼，同樣你也不知道我在說什麼，道不同不
相為謀。

　　世界上沒有絕對真理，觀察到什麼樣的世界，取決於每個觀察
者本身。就像魯迅講《紅樓夢》時說的：「一部《紅樓夢》，經學
家見《易》，道學家見淫，才子見纏綿，革命者見排滿，流言家見
宮闈秘事……」，不同的人看《紅樓夢》，立場不同，角度不同，
看法自然而然也就不同。誰對誰錯，重要嗎？說得清楚嗎？

　　無數的人參與到金融投資市場，他們看到的市場也是不一樣

的。不要去想像市場內部有一個數學公式，你發現了這個數學公式以後，就能在市場中贏利。可以說，市場運動本質上不存在某種絕對的、必然的規律，必須要如何走。你如何看待市場，得出一個什麼樣的結論，完全取決於你自身的眼光。你用短期的眼光去看，得到短期的結論；你用長期的眼光去看，得到長期的結論；你用基本分析的眼光，得到基本分析的結論；你用技術分析的眼光，得到技術分析的結論。

記得徽商胡雪岩說過一段話：你有一個鄉的眼光就做一個鄉的生意，你有一個縣的眼光就做一個縣的生意，你有天下的眼光就做天下的生意。

所以，投資市場需要大智慧、大格局。我從來不認為我的投資哲學是放之四海而皆準的，它只是我的真理！

_14_ 在金融投資領域，你這種思維方式一般人很難理解，有沒有人也有類似的思想，並在投資上取得了良好的效果？

在我剛剛構建這套投資哲學時，我也不知道它的效果，甚至懷疑這個理論是否正確。無獨有偶，當我對華爾街的金融歷史有了深入瞭解以後，發現很多投資大師具備這種思維模式，並在投資市場取得了輝煌的成就。凱恩斯如此，巴菲特如此，索羅斯也如此。

凱恩斯雖然是一個著名的經濟學家，但他同時在股票期貨交易中也取得了很大的成功。他反對以歷史事件為基礎進行的經驗主義分析，主張以自己的見解為基礎進行預測和投資。所謂見解，實際

上就是對未來市場運動的理論假設。

在一般人心目中巴菲特是一個中規中矩的價值投資者，但從每年巴菲特的年度投資報告和《巴菲特如是說》這本書透露出來的資訊看，我們遠遠地低估了他，巴菲特是個極具智慧的人。在我看來，巴菲特關於投資標準的一系列觀點、例子、比喻和「合格的能力圈」的精彩思想，和我的投資理論、模型、假設決定市場觀察和交易的理論完全是一碼事，這一點後面我會詳細解釋。

巴菲特清醒地看到了經驗主義在市場投資中的局限性，他巧妙地諷刺許多投資基金經理的操作方式是通過看後視鏡開車，只會打前一場戰爭。巴菲特說，「你不可能靠風向標致富」，「市場先生是你的僕人，而不是你的嚮導」。也就是說，投資者不能像個傻瓜一樣跟著市場跑，讓市場價格變化決定你的投資行動。

巴菲特的投資體系中有一套評估企業好壞的標準，有人覺得這是他成功的真正秘訣，我認為這些技術層面的東西沒有那麼重要，更不難學，他的思維方式和投資智慧才是成功的核心。

當代金融領域的投資大師索羅斯在解釋他的投資方法時說，在投資決策以前，他總是先擬定一個市場假設，作為理解市場運動的一個框架。《金融煉金術》中有這樣一段話：

「請嘗試給出一個未經精心構造的假設，它只會引導漫無目的的投資，相反，如果你精心地構造自己的假設，你將能始終不斷地取得超出市場平均水準的成就─假使你的獨到見地並非過分的偏離市場。」

某種意義上說，索羅斯的投資實踐也是借助於他的投資理論、模型、假設來進行思考和操作。這個思路其實和我的投資哲學也是一致的。

第三節

不確定性是市場基本特徵，
我交易的不是市場，是規則

交易規則當然不是來自市場，

市場不會告訴人怎麼做。

規則來投資者的理論、模型、假設給市場的定位。

_15_ 從介紹中可以看出，你的投資哲學主要來自西方哲學的啟發，強調人的主觀能動性、強調「人為市場立法」、強調市場的不確定性、無規律性。你主修中西哲學比較，在東方文化中，有沒有類似的思想？

不但有，而且很深刻。中國古代哲學家老子提出的「道可道，非常道」，莊子提出的「方生方死，方死方生，方可方不可，方不可方可」，就是強調世間萬物變化無常，真理是有限的、相對的，沒有規律性可言。

對於老子的「道可道，非常道」這句話，歷代有很多種不同的理解。通常的說法，「道可道」第一個道，就是規律，第二個「可道」，就是可以被描述，可以講清楚。「非常道」，指的是規律如果可以講清楚的話，就不是「常道」，即不是永恆的規律。

在我做了多年的股票、期貨交易以後，發現用老子的這一思想來解釋股票、期貨市場的價格波動，真是太貼切了！金融市場價格波動有規律嗎？如果說有，這種市場規律可以描述，可以說得清楚嗎？如果可以，這個規律就不會是長久的、永恆的。

在股票、期貨市場，這個特徵是非常明顯的。假如你有了某個交易秘訣，發現這兒進去那兒出來，能夠賺錢—假設真有這樣的秘訣存在，你自己一個人偷偷摸摸地用，不告訴別人，也許確實可以賺到錢。但是，一旦你告訴別人，這個規律被很多人知道以後，它馬上就會發生改變，甚至消失。

為什麼？期貨、股票交易，一買一賣，你要買進必須有人在這

個價格賣出，你要賣出必須在那個價格有人買進。假如你發現一個低買高賣的規律，你就這麼去買賣，你賺錢的時候肯定有人賠錢，那麼時間久了，你的對手就算是個傻子也會明白，這地方不能買，買了以後就虧錢；那個地方不能賣，賣了以後也要虧錢──當其他人也知道這個規律的時候，你想買的時候就買不到了，你想賣的時候就賣不掉了，你的對手盤不存在了，這個規律就會消失，這個技巧就會沒用，至少階段性會失靈。反過來想，如果你這個秘訣一直有效的話，配合期貨市場的槓桿效應、複利效應，你可以快速地積累巨額財富，資產增值的速度簡直不可想像，期貨市場是個零和遊戲，這種事情可能嗎？

所以從金融投資的角度來理解「道可道，非常道」這句話，我覺得非常貼切，非常深刻，它意味著金融市場所謂的運動規律其實是變化多端，非常稀缺的，甚至可以說是沒有規律的。

16 你的投資哲學和中國古代陸王心學思想有很多相似之處，「宇宙即是吾心，吾心即是宇宙」，「心即是理」，理在心中，這樣理解對嗎？

我的投資哲學來源前面已經講得很清楚，主要是受到康德哲學的啟發，和中國古代哲學沒有多大關係。我是一個交易員，思考投資哲學的目的主要是為了解決市場理解和具體操作的問題，求道的目的俗不可耐，最終本質上乃是求財。這個問題很有意思，有機會我會深入思考，再做出回答。

<u>17</u> 因著多年的經驗，就體會而言，你的投資哲學對所從事的投資活動有什麼價值？

對我而言，我的投資哲學就是我的思維模式，它遠不僅僅指導著我的投資，甚至指導著我生命的所有方面。在這十多年的投資生涯中，我的投資哲學在很多方面給我帶來了重大的變化，下面幾點是其中比較明顯的：

「標準在先」的投資原則；

「自覺注意」和「自發注意」的心理優勢；

「未戰而先勝」的戰略思路；

用新的角度看待交易市場；讓我的交易行為更加合理。

<u>18</u> 請解釋什麼是「標準在先」的投資原則。

在我進入投資市場的早期，根本沒有明確的投資標準，有時候聽消息交易，有時候憑主觀猜測操作，有時候用現在看起來極為荒唐，那時候覺得很神准的技術工具買進賣出，更多的時候是在市場中憑著本能追漲殺跌。在期貨交易的迷宮中，一直彷徨徘徊，走不出怪圈，結果肯定是損失慘重，虧損累累。

當我建立了自己的投資哲學—投資的理論、模型、假設決定市場觀察和交易以後，我終於知道了為什麼以前會死得那麼慘，在市場交易中我根本沒有明確的操作標準。

其實，不僅僅在投資市場是這樣，要做好世界上任何事情，都

需要事先確定清晰的行動標準，這是獲得成功的基礎和先決條件。下面這個例子，令人深思。

　　蘇聯有個游泳教練很厲害，他教導的女子游泳隊獲得了奧運會世界冠軍，大家很高興地慶祝，把教練扔到游泳池裡去了，可是這個教練卻不會游泳，差點被淹死，他之前也跟隊員講過，但這次大家才發現是真的。

　　這個故事聽起來似乎很怪異，一個不會游泳的教練在岸上教大家學習游泳，竟然取得了如此成就，其實內在蘊含著深刻的科學道理。雖然這個教練不會游泳，但他用科學的游泳理論和方法用於訓練隊員，萬事理通，這才是大智慧。

　　我當年做投資就是先下水，後學習—倒是很勇敢，結果卻淹個半死。

　　胸有成竹方能在複雜多變的市場中立於不敗之地，而頭腦中一無所有，沒有明確標準的投資者一定會在市場的海洋中迷失方向，最後葬身大海。只有構建明確的投資標準以後，有了市場理論、假設的指引，經過深思熟慮，才可以最大限度地減少隨意性的交易，減少無謂的操作，才能非常明確地等待目標，擺脫市場操作的盲目性。這就是我理解的「標準在先」的投資原則。

_19_ 什麼是「自覺注意」和「自發注意」？

「自覺注意」和「自發注意」是兩個心理學術語，這兩個術語可以非常深刻地解釋不同投資者面對市場的心理狀態和行為模式。

投資者在觀察市場的價格變化之前就有一套系統的市場理論、框架、模型作為理解市場、觀察市場的基礎，這樣的注意是「自覺注意」。投資者在觀察市場的價格變化之前沒有一套系統的市場理論、框架、模型，由市場價格漲跌對投資者本能的吸引而引起的注意是「自發注意」。

自覺注意和自發注意這兩個詞背後是兩種不同的哲學，一種是一上來先盲目地跳進去再說，另一種是帶著標準去行動。我經常調侃我的一些朋友，他們的操作經常是先開槍後瞄準，而不是先瞄準再開槍。

如果能做到自覺注意，投資者將不再讓市場價格變化主宰、左右自己的思維、情緒，而是以超然的態度去審視市場運動，通過理論模型觀察市場，尋找交易機會。

大多數投資者往往在這裡陷入困境，不自覺地就進入了自發注意狀態，一旦坐在顯示幕前，就不由自主地被市場價格運動帶著跑。自覺注意恰恰是抑制了投資者的本能欲望、利益，而是強調關注自身主體操作過程中思維和行為的合理性。

人的本能是先打開電腦，然後盯著螢幕看，在盤中尋找交易機會。如果你接受了「自覺注意」這個理論，明天開盤之前不要打開電腦，先想想，如果電腦打開了，我要看什麼？在我看來，在打開

電腦之前就知道想要觀察什麼，什麼情況下應該果斷行動，這是職業交易員必須具備的基本思維模式和行為習慣。

　　遺憾的是，根據我的觀察，大多數市場參與者，包括一些市場中交易多年的老手，都沒有能力形成一套系統的市場觀，他們在市場中的行為就像大海中一葉沒有羅盤的扁舟，左右搖擺，處境危險，早晚會在風浪中沉沒。

　　人的感知有巨大的選擇性，感知往往是在概念支配下進行，「人只看到他所知道的東西」。我的投資的理論、模型、假設決定市場觀察和操作的哲學形成以後，我慢慢開始擺脫自發注意的交易層次，進入了自覺注意的境界，我在投資市場終於走出了迷宮，獲得了新生。

20　什麼是「未戰而先勝」的心理優勢？

　　未戰而先勝這個觀點是《孫子兵法》提出的，強調面對戰爭，人們會有截然不同的態度，有人是先打了再說，然後看能不能贏，有人是謀定而後動，只在有勝算的情況下才會大膽開戰。

　　根據我們的投資哲學，投資者在沒有交易以前，主體的思維中應該已經構建好了一套系統的理論、模型、假設，作為市場觀察和投資決策的依據和標準，能夠明確地告訴投資者在市場中關注什麼，尋找什麼，哪些市場變化是非常重要的，哪些變化是沒有意義的。

　　雖然單筆交易的成敗具有一定的偶然性，我們不可能事先精準地知道輸贏，但是，從長遠的角度說，按照我們的體系操作，總體

結果是有勝算的。這是因為我們在交易品種選擇、交易方向判斷、進出場時機、風險管理等方面都有相對明確的標準，不是盲目的賭博。所以，在投資結果還沒有出來以前，我們心裡就非常有數，對自己的投資未來充滿信心，不會被市場短暫的不利波動所左右，也不會被一時的盈利衝昏頭腦。

投資哲學的高下決定了每個人不同的投資人生。有些人即使短期賺錢，志得意滿表像下其內心世界是虛弱不安的，眼神是迷茫的，對未來是缺乏信心的；而有些人即使階段性做得不好，其思路是清晰的，目標是明確的，說話是低調的，眼神是淡定的，內心是平靜的，對未來是胸有成竹的，能夠達到「未戰而先勝」的境界。

做了這麼多年交易，人過中年，雖然我不敢狂妄地說期貨交易就是那麼一點事，但內心深處，我對自己和公司的交易命運確實是有信心的，雖不敢說是成竹在胸，至少比寫《作手：獨自徘徊天堂與地獄》時候內心強大很多，這本質上源於我的投資哲學在思維和行為上長期帶來的支持和印證。

21 在一般人看來，金融投資的成敗，最重要的是市場參與者能否預知未來、洞察先機。巴菲特和索羅斯在金融領域的巨大成功，是不是因為他們身上有某種超越常人的預測能力？

巴菲特和索羅斯並非神仙，也不是外星人，他們對市場的未來不可能有未卜先知能力。比如，巴菲特就曾挖苦過所謂的預言家：

「預測通常更多地告訴我們關於預測者的想法而不是真實的未來。」

「能夠預測股市走勢的人，我還沒有見到過一個。」

雖然預測市場不可能，但他們的成功確實說明他們具備一般人所缺乏的洞察先機的能力。那麼，他們這種先見之明是從哪兒來的呢？我個人以為，主要來自於他們獨特的投資哲學和市場理論。巴菲特的哲學思維模式和內在價值理論，索羅斯認同的波普哲學和他的市場反射理論，抓住了股票、期貨市場的某些本質性特徵，理論和思維的力量使得他們遠遠地領先於市場大眾，成為走在股市曲線前面的人。

有人說，投資市場高手之間的較量，絕不是技術水準的較量，而是投資哲學、投資理論的較量。這句話確實有一定道理。投資哲學和投資理論決定了你的眼光和境界，也很大程度上決定了你是一個什麼樣的人。

22 在你的微博中，好像很少談股票和商品市場行情，你每天都在交易，按理來說和大家討論一下，聽聽別人的觀點，應該對你的操作很有幫助啊？

我確實不喜歡和人談論行情，不但微博上不說，日常生活中也沒有興趣與人探討市場會怎麼走。這又和我的先驗投資哲學思想有關。

我常常對公司的交易員說，作為一個投資者，不要問別人行

情，別人永遠不可能告訴你正確答案。當然，你也不可能問市場明天到底是上漲還是下跌，市場更不會告訴你它將去哪裡。

投機市場有句名言：聰明的投機者只有在機會來臨時才做事。問題是，你和上帝並沒有直線電話，你怎麼知道市場會如何走，什麼時候有機會？

按照我的投資哲學，這取決於你選擇、信奉的市場理論和投資模型。有了市場理論和投資模型，投機者就能給市場定位，明確操作的標准。有了操作的標準，投機者就能知道自己該看什麼，該怎麼看，才能明白什麼是交易機會，什麼不是交易機會。行情有什麼好問的？未來行情的走勢需要你自己告訴自己。

當你已經具備解決問題的思路和方法，為什麼還要去和別人討論行情走勢？我知道自己的交易風格，對這樣看似有益的討論活動參與過無數次，經驗頗為豐富，得出的結論就是：除了得到混亂和迷茫，別的你什麼也得不到。

23 投資是一個高風險行業，面對激烈動盪、變化無常的短期市場運動，我們要看遠一些、淡定一些、超然一些，這樣才能避免盲目的賭博，在有優勢、有勝算的機會中理智地行動。很多投資者跑到深山老林的廟宇中去學佛問道，去冥想修行，就是為了在交易中能夠做到自我控制。孟子的「求放心」，王陽明的「心即理」，「滿街都是聖人」，禪宗的「佛在心中」，都是鼓勵我們向內求。這些我都能理解。我的問題是，市場就是一

個客觀存在，你認為它有規律也好，無規律也罷，我們要想在市場中賺錢，必須去瞭解市場、認識市場，找到交易成功的規律，這是一個向外求的功夫。但是，按照你的投資哲學，你的行為是由你的理論、模型、假設決定的，市場本質不可知，所謂的規律似乎是人創造出來的，是發明而不是發現，也應該向內求，對嗎？

這個問題太犀利了，我功力不足，冒險嘗試回答一下，答案不一定對，權當拋磚引玉吧。

對於想在投資市場發大財的新人，你說這個市場充滿巨大的不確定性、偶然性，而規律性非常少，少到幾乎沒有，我估計是他不可想像的，這個殘酷的觀點確實令人難以接受。在我交易生涯的早期，完全不知道這個道理，也不認命，和大多數人一樣，潛意識、本能地認為市場是有規律的，投資成功的關鍵就是怎麼找到市場運動的規律，然後按照規律去操作。當初所有的努力，就是要去找各種各樣的市場價格預測工具，無論是憑主觀感覺追漲殺跌還是技術分析，其實背後隱含的都是這樣一個規律性思想。

經歷了一系列的失敗打擊之後，我慢慢痛苦地意識到，這個市場的規律，你說它絕對沒有吧，它隱隱約約有一點，你說它有吧，可真不明顯。為了擺脫尷尬的困境，我開始問自己，市場的規律性成分到底有多大？如果市場運動有規律，賺錢的方法就是找到規律，哪怕現在沒找到，持之以恆地慢慢尋找，我總能找到。如果市場根本就沒有規律，那就別找了，路都走錯了，我還能達到目的

嗎？到頭來一切艱辛都是無用功！

很多人認為，康德哲學的橫空出世是哲學領域的一場哥白尼式的革命。哥白尼發現，以「一切天體圍繞觀察者而旋轉」的假定，不能說明天體的運動，而應該變換另外一種方法，假定觀察者在旋轉，而星群不動，看看這種方法是不是更容易成功。

我把這種思維模式用到市場觀察中，如果我們假設市場價格波動實際上是沒有規律的，那麼你要在市場裡生存，甚至要賺錢，你該怎麼辦？換一種思維方式，從另外的角度思考市場價格運動，思路就全變了。

運用先驗哲學的思維方法來解釋市場，我不會再試圖去弄清楚市場價格變化背後的原因，也不會再去問市場到底有沒有規律這類問題。因為市場的規律性、統一性來自投資者思維的規律性、統一性。所謂的市場規律是投資者各自創造出來的，而不是市場本身固有的。如果投資者頭腦中沒有這些事先預定的理論、框架、模型，毫無目的地觀察市場，得到的只是市場價格隨機的、沒有規律的波動。

_24_ 大多數投資者往往被市場價格運動帶著跑，本能地買進賣出，莫名其妙地贏，莫名其妙地虧，結果具有極大的不確定性。作為一個經驗豐富的職業交易員，你每天也面臨著市場反覆無常的各種變化，能介紹一下你的看盤方式嗎？

確實，作為交易員，我們都面臨同樣的問題。看行情報價表或者分時圖，各種數位一刻不停地在快速跳動，分時圖上下起伏，龍飛鳳

舞，剛才價格還在這裡，一會兒又跑到那裡，如果你沒有標準，即使你對數位和曲線本身非常敏感，你也會應接不暇，很難看出市場下一步會怎麼走，得不出任何有價值的操作結論。大部分時間裡，你看到的只不過是無意義的無序波動而已，你想因此發現市場中有沒有交易機會，離開了體系邏輯的定位，幾乎是不可能的事情。

我曾經用釣魚的故事打過一個比方。

你釣魚的時候，魚線上會有魚漂。為什麼要有魚漂？魚漂其實是個信號系統，我們通過魚漂觀察水裡的魚是否在咬鉤，魚漂動了，適當時候你就要立刻提竿。魚漂不動，說明沒有魚在吃魚餌，此時你要做的就是觀察魚漂的變化，在魚漂不動之前你拿著魚竿，耐心等待。水裡有很多游來遊去的魚，這些魚其實和釣魚者沒有關係，我們用不著心神不定地盯著這些魚。臨淵羨魚，不如退而結網。只有咬了你的魚鉤，魚漂動了，這條魚才和你有很大的關係。

交易看盤和釣魚非常相似。魚漂類似於交易者的信號工具，你每天盯著市場行情，到底在等什麼，在找什麼？毫無目的地看盤和等待，就如同毫無目的地在大街上瞎逛，你不知道你要去哪裡，想幹什麼。所以，作為一個職業投資者，看盤的標準或者信號系統，不能等到進入市場以後才想起來，而是事先必須考慮清楚。

我的投資哲學—投資的理論、模型、假設決定市場觀察和交易，解決了我看盤的標準和信號問題，理論、模型、假設就是我的「魚漂」，當市場價格波動符合我的投資體系時，我就知道這是我的菜，是我能把握的東西！當市場價格波動不符合我的投資模型

時，我就知道這不是我的菜，不是我的交易機會！至於看盤的標準具體是什麼，如何構建，我倒覺得並不是那麼重要，只是一個術的問題，我會在投資理論這一章講。

25 巴菲特的老師格雷厄姆在《證券分析》一書中說：「我們必須承認投機者的心理因素對其成功構成的強烈威脅。投機者隨著價格的上漲而越來越樂觀，隨著價格的下跌越來越悲觀，因此從本質上看，只有少數投機者能保持常勝不敗，而且沒有人有理由相信在其他大多數同道都將失敗的情況下，他卻總能成為贏家。」在交易市場，為什麼你的投資哲學讓你的交易行為更加理性？

從天性而言，我是一個天馬行空的人，我很清楚我當初選擇做期貨也許是入錯行了。但人生沒有回頭路，既來之，則安之。在交易市場，我的性格、行為從非理性到理性，從不認命到認命的痛苦歷程中，有兩點是我能夠自我改變的關鍵：一是我的投資哲學讓我意識到，我的投資結果和命運是我選擇的投資理論、模型、假設決定的，掙扎、抗命是不智的，也是沒用的；二是當我意識到信仰對投資成敗的巨大影響力，思想、靈魂的純粹性無比重要時，我突然覺得自己心安了。

交易市場有賠有賺，有虧有贏，這很正常。投資者的性格、悟性、感覺敏銳度、反應力千差萬別，外在偶然事件不可避免地會發生，這些都可能影響短期業績，但本質上不會決定長期投資命運。

　　每天早上開盤的時候，大家一起開始看同樣的行情波動，但是收盤後的結果就完全不一樣了，有的人興高采烈，有的人狼狽不堪。面對同一個市場，得到什麼樣的結果，取決於你的看法、想法和行動，觀念、思維對一個人的行為有根本性的決定作用，市場交易這場戰爭的背後是投資者之間「市場理論、觀念的戰鬥」。

　　所以，根據我的投資哲學，我們對自己的短期成敗用不著過於在意，勝固可喜，敗也欣然。你的理論、模型、假設階段性地適應市場，你的業績會很好，你的理論、模型、假設階段性不適應市場，你的業績可能不怎麼樣。但只要控制好風險，一時一地的成敗得失並不重要。這樣，該開倉時候你開倉，該持倉的時候你持倉，該加碼就加碼，該止損就止損，一切自然而然。「我是一個過程論者，一直堅信過程完整、過程完美，結果通常不差；過程不完整、不完美，結果即使好，也長不了。」這是胡俞越老師給《作手：獨自徘徊天堂與地獄》寫的序言中的過程論思想，我非常認同。

　　我的投資哲學中的理論、模型、假設決定市場觀察和交易的思想，讓我對自己的交易行為、交易結果知其然並且知其所以然，某種程度上大大緩解了知行難以合一的尷尬，讓我的交易行為更容易理性一些。

26　在講課中你曾經說過一段話，「從某種意義上說，市場的未來是一本打開的書」。金融市場走勢的難以預測幾乎是所有參與者的共識，如果市場的未來是一本打開的書，投資者夢寐以

求的目標不是輕易就能夠實現了嗎？顯然，這是不現實的。那麼，你為什麼會提出這樣一個不可思議的觀點呢？

我確實說過這句話，半開玩笑半當真。「從某種意義上說，市場的未來是一本打開的書。」如果你是從我講課的PPT上看到這句話，你肯定會比較吃驚。這句話聽起來確實狂妄無知之極。其實，醉翁之意不在酒，大家可能是從字面上根據自己的想像去猜測這段話的意思，我想傳達的其實是一種投資理念。之所以用這麼誇張的語言，目的只是為了引發投資者的思考，加深大家的印象。

前面我已經講得很清楚，任何時候，我們都不可能正確地預測市場，判斷出市場未來的漲跌，不確定性是市場的基本特徵。市場不可能有不以人意志為轉移的客觀規律存在。所以，從這個角度而言，市場的未來絕對不可能是一本打開的書。

投資交易本質上有賭博的成分，但是，是不是任何情況下都可以參與賭博呢？肯定不是。什麼時候可以賭，什麼時候不可以賭，根據我的投資哲學，取決於你的理論、模型、假設對市場的解釋能力。我交易的不是市場，而是規則。規則來自哪裡？當然不是來自於市場，市場不會告訴我怎麼做。規則來自於我的理論、模型、假設給市場的定位。如果我把自己的交易模型去掉，我就無法理解市場價格波動，無法給市場定位。載入了我的投資模型後，再看市場走勢，未來的一切就變得清晰起來。趨勢從哪裡開始，我該從哪裡操作，一目了然。

我知道自己的體系有很大的局限性，我的投資理論、模型、假

設不可能解釋所有的市場運動，甚至大多數市場波動它都預測、解釋不了。

但是，個別時候，當市場出現某種特殊狀態時，它確實能夠告訴我，此時值得去賭，比如，大牛市里很多股票、期貨會出現大結構向上突破，隨後的短期走勢可能很複雜，但長期來看往往會漲得很高，走得很遠。我的體系告訴我，此時應該大膽地去賭，一旦賭贏了，你會賺大錢，賭輸了，在有風險控制的前提下，只會損失一點小錢。

北宋時候，有一個著名的畫家，名叫文同，他是當時畫竹子的高手。文同為了畫好竹子，不管是春夏秋冬，也不管是颱風下雨，或是天晴天陰，都常年不斷地在竹林裡鑽來鑽去，對竹子作了細微的觀察和研究。所以畫起竹子來，根本用不著畫草圖。所以，晁補之稱讚文同說：文同畫竹，早已胸有成竹。

2015 年，華泰證券、中信證券、德潤電子漲了好幾倍，我玩的就是這樣一個遊戲。所以，一旦市場突破成功，對我來說，未來就充滿很大的確定性，很值得賭，好像是一本打開的書。

<u>27</u>　聽了有關投資哲學的介紹，確實對我的思想產生衝擊，但依然似懂非懂。能用相對淺顯的故事總結你的投資哲學嗎？

人生就像一口井，我們都在井中，井有四方形、有六角形、有圓形，不同的井口讓我們看到的世界完全不一樣。井口有大有小，

有的井口大，看到的世界大，有的井口小，看到的世界小，但我們誰也不可能爬出井口，看到完整的世界。

小時候讀過印度寓言故事瞎子摸象，有人說大象像堵牆，有人說大象像個圓柱，有人說大象像面扇子，我們都譏笑瞎子胡說八道，認識問題以偏概全，因為我們眼裡看到的是大象全貌。

瞎子的看法對嗎？其實從他們各自的角度、各自的親身感受而言，大象就是他們所描述的樣子，他們是對的。在大千世界，在人生的歷史長河中，在金融投資市場，其實我們就是瞎子摸象中被嘲笑的瞎子。

我提出的投資理論、模型、假設決定市場觀察和交易的哲學思想，本質上是一種思維方式，就是想告訴自己，我的價值觀、我的眼光決定了我看到的市場永遠只是局部而不是全貌，只是表像而不是本質。雖然我用自己的理論、模型、假設為市場定位，並據此操作，有一定的優勢和勝算，但這一切永遠無法擺脫管中窺豹、一葉知秋可能帶來的方向誤判和決策失敗。金融投資市場面臨著各種各樣的意外風險，誰也不知道黑天鵝什麼時候會出現。不管你有多深刻的投資理論，多豐富的交易經驗，多厲害的交易系統，一次意外，足以致命。

我需要一以貫之地信任、堅持自己的體系，知道這是我長期生存的保證，但我也深深地明白盈虧同源的道理。我的系統的局限性和缺陷必然會導致很多次不可避免的小額損失，這種止損成本、交易代價是合理的，我也為此做好了充分的思想、精神和物質準備。

　　雖然我們駕馭著有先進導航設備，有現代化雷達系統的輪船，但在浩瀚的大海中，我們依然需要嚴陣以待，高度警覺，隨時準備應對各種突如其來的危機。

　　十七世紀法國思想家巴斯卡曾經說過：「人只不過是一根蘆葦，是自然界最脆弱的東西；但他是一根能思想的蘆葦。用不著整個宇宙都拿起武器來才能毀滅他；一口氣、一滴水就足以致他死命了。」

　　這個市場不缺明星，只缺壽星。「如履薄冰、如臨深淵」，敬畏市場、順應市場，控制風險，永遠是投資者的立身之本。

投資理論

選擇什麼樣的投資理論決定你看到什麼樣的
市場，決定你如何操作。面對同樣一種市場
狀況，不同的投資理論，不同的時間尺度，
投資者的操作策略會截然不同。

投資沒有完美理論，信奉什麼樣的理論，在
接受它優點的同時也得承受它的缺陷。

第 一 節

投資理論有好壞之分，
且理論太多將充滿矛盾

投資市場充斥偽文化、偽理論。

我鼓勵學生，只要精通一門理論和技術，

並將它練到登峰造極，

就是投資業的東方不敗。

01 投資理論與投資哲學是什麼關係？

我的投資哲學是投資的理論、模型、假設決定市場觀察和交易。這種哲學觀念或者說思維模式強調的是標準在先，用理論、模型、假設去解讀這個混沌的市場，給市場定位。投資哲學是一種思維模式，投資理論是在這種思維模式指導下，用來解釋市場運動特徵和現象的一種思想。我本人和我的交易團隊確確實實都是按照這樣的邏輯去理解市場、思考問題、實際操作的。

02 投資理論非常重要嗎？

是的。投資的理論、模型、假設決定市場觀察和交易，選擇什麼樣的投資理論決定你看到什麼樣的市場，決定你如何操作。所以，在我的交易體系中，投資理論、模型、假設本身就變得極為重要。面對同樣一種市場狀況，不同的投資理論，不同的時間尺度，投資者的操作策略會截然不同。

丁聖元先生曾有一個精彩的七巧板故事，非常清楚地講述了從不同的時間角度看同一個市場行情，我們會得出完全相反的結論。

當你看到第一塊七巧板上的K線圖形時，根據這張圖本身對市場做出判斷，你可能認為未來走勢是向上的。

當加上第二塊七巧板上的K線圖形時，你會發現在更長的時間周期上，未來整體走勢可能是向下的。

當你再加上一塊七巧板時，你會發現你對未來走勢方向的判斷可能又變了。以此類推，每加上一塊七巧板，你對當下市場方向的

判斷就不一樣。

　　所以，市場其實並不存在著絕對的解釋，只是一種概率和可能性。再給大家舉個例子。不同的市場理論指導下，大家對同樣的市場行情會產生完全相反的觀點和操作策略。比如倫敦銅這個品種，從 2003 年開始上漲，在 2000 美元漲到 8000 多美元的過程中，面對同一個市場行情，同一時間，面對同樣的市場價格，有人做多有人做空。為什麼會出現這樣令人不可思議的舉動呢？

　　假如銅的生產成本是 2000 美元，那麼套期保值者在 3000、4000、5000 美元套保做空是天經地義的事，有豐厚利潤。雖然市場價格越漲越高，因為有現貨基礎，他們可以交割，價格漲得再高，一般他們也不會被迫砍倉，套期保值者做空的理由是非常充分的。

　　當然，在這個上漲過程中，不僅僅是套期保值者在做空，還有許多短線投機者可能也會做空。在真實的交易過程中，從事後看一根日K線大陽線的行情背後，往往有驚心動魄的日內波動。這樣的日內波動，如果能夠有效地控制風險，短線交易者是有利可圖的。所以，從短線交易的角度，即使在這麼強悍的牛市上漲中，他們做空的做法也不是沒道理的。

　　作為一個趨勢交易者，倫敦銅從 3000 美元漲到 8000 美元的過程中，市場上漲趨勢是非常清晰明瞭的，在趨勢沒有反轉以前，任何一個位置上做多都是天經地義的。

　　所以，投資者用不同的思路、理論、時間尺度，面對同樣一個市場，有各種各樣的操作策略，都有其合理性。

某種意義上，投資理論不但是你觀察市場、理解市場的角度，也是你在不確定的市場中採取行動的依靠，最終對你的投資命運將產生深遠的影響。不同的投資理論，就意味著你站在不同的角度看市場，這就像蘇軾寫的詩，「橫看成嶺側成峰，遠近高低各不同。不識廬山真面目，只緣身在此山中。」

03 投資理論是科學嗎？

我不知道你怎麼定義科學這個概念，如果科學指的是一加一等於二這樣的絕對真理，那麼投資理論肯定不符合科學的標準。

投資理論只是對市場的一種解釋，不同的投資理論對市場有不同的解釋，甚至可能相互矛盾。沒有完美的投資理論，對投資者來說，運用投資理論的目的很單純，就是為了賺錢。

我的投資理論對市場的解釋能力非常有限，只有市場出現特殊狀況，它才會告訴我應該抓住機會，大膽出擊。我不相信世界上存在能夠預測未來、解釋所有市場變化的科學理論存在。

所以，即使我的理論工具給出了強烈的交易信號，在這種情況下的操作方向也可能和市場走勢不吻合，我也需要有風險意識，隨時做好最壞的打算。

04 投資理論的選擇和運用有高下之分嗎？

這一點我有切膚之痛，當然有好壞高下之分。能夠解釋市場長期變化、重大變化，讓投資者在風險可控的情況下有勝算、有優勢

的投資理論，就是非常有價值的理論。比如許多投資大師賴以成名的價值投資理論、趨勢跟蹤理論、索羅斯的反射理論等等。

　　但是，我個人認為，投資市場瀰漫著許多偽文化、偽理論，誤人子弟，害人不淺。

　　我很不喜歡那些神神秘秘的東西，包括江恩的六邊形和九九數位圖，國內用周易八卦預測市場的理論等，在我看來，這種思維方式本身就有問題，似乎有一把鑰匙可以打開市場的奧秘，這完全和我的投資哲學背道而馳。

　　《作手：獨自徘徊天堂與地獄》出版以後，我經常收到一些奇怪的來信，說自己在某個深山老林修煉多年，經過十多年的鑽研和努力，終於悟到了市場運動的規律，發現了百戰百勝的神秘方法，請我提提意見，甚至說一起合作賺錢。並且告訴我，之所以給我看這個絕密的資料是因為相信我的人品，希望我不要外傳等。有些人甚至想盡辦法跑到我公司附近，希望向我展示一下他的絕技的驚人效果。

　　按照我的投資哲學，市場是不確定的，本質是不可知的，這些人在交易研究方向上誤入歧途，走火入魔。我曾經給其中幾位推薦過一些書和文章，這些思想在我看來是他們最好的思維、心靈解毒劑，希望他們在讀完這些書籍以後我們再交流。但是，每當我這麼做的時候，我總是發現他們眼神裡充滿深深的失望，在寂寥無趣中離去，從此杳無音信。偶爾無意中想到這些人和事，我的內心總會有些悲涼、無語。

05 市場上存在著不同的投資理論，如果一個人能夠博採眾長，把
各種理論綜合在一起，是不是能夠更全面深刻地理解市場、觀
察市場呢？

根據我的投資哲學，投資的理論、模型、假設的唯一性和純粹
性是我們能夠給市場定位，理解市場、觀察市場的經緯度，如果沒
有明確的標準，或者有多重標準，沒有唯一性，我們看到的是混亂
的市場。

就像在五星級酒店的大堂，你會看到很多鐘錶，顯示的時間有
1 點的，有 5 點的，有 9 點的，如果沒有注明地區，你完全不清楚
現在到底是幾點了。

著名的手錶定律也揭示了這個道理：擁有兩塊以上手錶並不能
幫你更準確地判斷時間，每個人都不能同時挑選兩種不同的行為準
則或者價值觀念，否則將陷於混亂，失去對時間的判斷。

在投資市場中，大家對市場發生的變化觀點完全不一樣，有看
空的，有看多的，甚至一會兒看空，一會兒看多。這背後的原因就
是每個人觀察市場的理論、模型、工具不一樣，導致交易行為也千
差萬別。

如果投資者沒有明確、唯一的理論標準，在市場中肯定會遇到
無法解決的苦惱，比如：

一種商品從月線圖看，處於上漲，應該做多；從周線圖看，震
盪行情，應該觀望；從日線圖看，有階段性下跌的跡象，應該做
空；從半小時圖看，短線企穩，可以買進。用多個時間尺度觀察市

場，對市場的走勢可以得出完全不同的判斷，投資者隨時隨地都會遇到這種尷尬的狀況。明確自己的操作時間週期，用同一個時間尺度觀察、理解市場，是投資者擺脫這種困境的唯一出路，否則，面對市場的變化，一定會陷入茫然，無所適從。

如果一個投資者同時信奉幾種投資理論，既是價值投資者，又是趨勢交易者，還是量化投資理論的追隨者，面對一種商品，根據各自的立場和角度，有的判斷市場會上漲，有的判斷市場會下跌，有的判斷市場是區間震盪，這時候，投資者也會遇到前面提到的用不同時間尺度觀察市場一樣困惑的問題。

期貨市場有很多交易員，因為長時間在市場裡面摸爬滾打，懂的東西非常多，基本分析懂，波浪理論懂，江恩理論懂，趨勢跟蹤懂，從知識掌握的角度來說，他們幾乎是投資市場的百科全書。但是，這些人雖然懂的很多，但操作業績往往並不理想。

在我看來，他們失敗的原因主要有兩點：一方面，成功投資是一個系統工程，需要有完整的投資哲學、理論、策略、工具、心態，任何一個環節的缺失，都會導致投資失敗。

更重要的是，就是因為他們懂得多，反而讓他們內心世界充滿矛盾，無法理解這個市場。這就是老子說的「多則惑，少則得」，「為學日益，為道日損」。

從我個人的理解來說，哲學思想的差異，投資哲學的不同，是產生上面問題無解的本質。我的投資的理論、模型、假設決定市場觀察和操作的投資哲學，要求理論具有唯一性，由此決定了我看到

的世界的唯一性。當你用多個理論工具去理解市場、指導操作，就好像左眼戴了黑色眼鏡，而右眼帶了紅色眼鏡，兩隻眼睛看到的東西完全不一樣，甚至有可能是相互衝突的，你眼中的世界就會荒謬怪異。

單純的眼睛看到清澈的世界，複雜的眼睛看到混亂的世界。

06 按你的說法，應用不同理論會導致世界觀混亂、行為混亂，這種思想理解起來有點困難，能用一個形象的故事解釋嗎？

交易者同時信仰或者是運用很多理論工具，在理解世界觀察市場時，就會出現這樣的問題。你信仰多個理論的目的，無非是想通過深入的研究，依靠各種各樣手段、資訊去捕捉市場機會。但是，我個人的體會，想法多了，一定會處於矛盾之中。多重選擇會導致反復思考，不知所措，最後你什麼都幹不了。

下面這個故事，可以幫助大家理解擁有多重選擇帶來的煩惱。

法國哲學家布裡丹養了一頭小毛驢，他每天要向附近的農民買一堆草料來喂。

這天，送草的農民出於對哲學家的景仰，額外多送了一堆草料放在旁邊。這下子，毛驢站在兩堆數量、品質和與它的距離完全相等的乾草之間，可為難壞了。它雖然享有充分的選擇自由，但由於兩堆乾草價值相等，客觀上無法分辨優劣，於是它左看看，右瞅瞅，始終無法分清究竟選擇哪一堆好。

於是，這頭可憐的毛驢就這樣站在原地，一會兒考慮數量，一

會兒考慮品質，一會兒分析顏色，一會兒分析新鮮度，猶猶豫豫，來來回回，在無所適從中活活地餓死了。

那頭毛驢最終之所以餓死，導致它最後悲劇的原因就在於它左右都不想放棄，不懂得如何決策。人們把這種決策過程中猶豫不定、遲疑不決的現象稱之為「布裡丹毛驢效應」。

每個投資者在市場中經常面臨著種種選擇、誘惑，如何取捨對投資的成敗得失關係極大，因而人們都希望得到最佳交易結果，常常在買賣之前反復權衡利弊，再三仔細斟酌，甚至猶豫不決，舉棋不定。但是，在很多情況下，最好的交易機會總是稍縱即逝，並不會留下足夠的時間讓我們去反復思考，反而要求我們當機立斷，迅速決策。如果我們猶豫不決，就會兩手空空，一無所獲。

世上很多事情道理都是相通的，少而精往往勝過多而博。

中國武術博大精深，門派眾多，包括少林、武當、峨眉等等。按照金庸武俠小說的說法，少林功夫有七十二絕技，一個絕頂高手也並非需要每一個絕技全部都學會。武術的最高境界是什麼？是不是先學少林，再學武當，再練峨眉，各家各派的功夫兼收並蓄，就能成為真正的絕頂高手，可以打遍天下無敵手？我個人覺得未必，少而精遠勝於博而淺。在我看來，各種不同的武學背後支撐的思想理論各有不同，有的甚至截然相反。十八般武藝樣樣都要學，很多功夫之間往往衝突相克，實際上是樣樣學不好。

就投資交易而言，我更多的是鼓勵我的學生精通一門交易理論方法和技術，往極致上練，看上去數量很少，你只會一門功夫，一

種方法，只要練到登峰造極的投資境界，你就是投資行業的「東方不敗」。

投機終究不是一門科學，
別指望任何理論給出肯定結論

基本分析、反射理論、技術指標……
都有市場適應性問題，
但也都有投資者運用它而取得巨大成功。

_07_ 根據你的投資哲學，投資理論的不同導致我們對市場的理解差
異非常大，所以我們應該非常嚴肅地找到最適合市場和自己個
性的理論。請介紹目前市場上都有哪些投資理論？

金融市場是一個能夠創造奇蹟故事的地方，無數的聰明人都在
探索這個市場，希望把握市場的運動軌跡，所以很多人殫精竭慮，
發明了形形色色的投資理論，希望更好地去解讀市場。市場像大
海，有各種各樣的參與者，包括套期保值者、投機者、套利者等，
都從不同的目的、立場、角度去尋找自己的機會，背後的投資理論
也千差萬別，數不勝數。

據我瞭解，目前在市場中比較流行的投資派別大概有這些：①
主觀交易；②基本分析；③技術分析；④市場迴圈理論；⑤神秘主
義流派；⑥量化投資理論；⑦心理行為金融學等等。

_08_ 怎麼看待市場中的主觀交易？

嚴格說來，主觀交易談不上是一種理論。但市場中，確實有很
多投資者的操作方式是憑感覺追漲殺跌。在我投資生涯的早期，
沒有明確的投資理論指導，相當長時間也是憑著本能和主觀感覺進
行操作。主觀交易背後的理由其實也很簡單，往往是投資者禁不住
市場的誘惑和內心的貪婪，從心理學角度解釋，就是由於「自發注
意」引起的。

純粹的主觀感性交易沒有理論指導，很難讓你在金融市場取得
成功，其中的原因我歸納為以下幾點：

（1）從哲學認識論的角度看，感性認識只是認識的初級階段，和知性、理性認識相比，它往往是不太可靠的；

（2）人的感覺是善變的，在市場中很容易受到外在的影響，一會兒看漲，一會兒看跌，反復無常，非常不穩定；

（3）在市場大的趨勢行情中，感性交易者常犯的錯誤是「一葉障目，不見泰山」。

投資交易不是一門嚴謹的科學，很多時候市場確實有微妙之處，也需要感覺給我們帶來靈感。按照我的理解，投資者的感覺可以分為兩類情況：一類是新手建立在感性和本能基礎上的市場預感，另一類是經驗豐富的老手的直覺。後者是非常有價值的。

<u>09</u> **多年前，你對基本分析有一個評論：「基本分析是一種讓槓桿交易者死得很體面的理論」，這個觀點讓人很詫異，你覺得這個說法合適嗎？**

我對基本分析的這種說法很多人並不認同，其實我並不想貶低基本分析的價值，我的這個觀點源於我的交易風格。作為一個中短線交易者，我更關注的是市場價格的短期運動，在我看來，這些變化和市場的長期基本面因素幾乎沒有任何關係。比如，橡膠市場每天都有幾百到上千點的波動，這些波動完全是由市場短期情緒和資金的力量引起的，背後的供求關係完全不能解釋。對於槓桿交易來說，一個短線交易者如果非要刻板地按照基本面方向操作，當市場出現不可避免的大幅逆向波動時，還固執己見、自以為是，即使長

期方向沒錯,市場短期波動也可以置你於死地。你很對,但你死了,不過死得很體面。

所以,針對中短線槓桿交易而言,我覺得這個觀點沒有問題。

<u>10</u> 這十多年的中國金融市場,有不少基本分析者獲得了巨大的成功,怎麼看待這種現象?

在投資領域,基本分析一直以名門正派自居,也確實出現過很多優秀的投資大師。但是,在基本分析者眼裡,包括技術分析在內,似乎其他投資理論都是旁門左道。按照我的投資哲學,市場背後並不存在著所謂的規律,任何投資理論只是解釋市場、看待市場的一種角度而已,所有投資理論的合理性都是相對的,不可能完美地揭示市場的本質。

我個人對基本分析並沒有偏見,也不否認它的價值。我完全認同《與天為敵》作者的觀點,基本分析本質上是一種均值回歸理論,但它並非萬能,投資者按照這種理論操作也不是完全可靠的:

(1)有時向均值的回歸實在太慢了,以至於一次震盪就能瓦解這個過程;

(2)有時這種回歸又有可能太強了,以至於一旦到達了均值也無法停止;

(3)均值本身也並不穩定,以至於明天的正常可能今天就會被一個我們所不知道的新的正常所取代;

(4)如果只因為歷史表明成功總是在困境後,就判定成功真

的在困境之後是極其危險的。

當然，我們指出基本分析理論存在著這些內在缺陷，並不是想否定它的價值。

任何投資理論都有市場的適應性和不適應性，包括基本分析在內的所有投資理論，都有投資者運用它們取得過巨大的成功。

基本分析法也並非靈丹妙藥，著名投資者斯坦利‧克羅先生根據基本分析操作就吃過大虧。

「1960 年代，斯坦利‧克羅關注期糖交易，他盡己所能地去研究市場、研究所有歷史和現在的圖形，同時也向同行討教了不少糖的基本面情況和操作技巧。隨著期糖價格下跌，他計算出單是麻布袋成本加上裝糖的人工就超過袋裡面所裝糖的價值，以那麼低的價格買進怎麼會賠？克羅認為這就是他所等待的機會，於是不休不眠地做，一天工作 12-14 小時，最終在 1967-1968 年間，他為客戶和自己積累巨大的糖的多頭倉位，平均價格為 2.00 美元左右。然而，市場並沒有向他所預期的那樣往上漲，反而是繼續下挫……一直跌到 1.33 美元!他眼睜睜地看著這種事情發生。這筆交易，克羅輸掉了約 1/3 的資金。」

成也蕭何，敗也蕭何。這兩年，隨著市場環境的變化，一向順風順水的基本分析理論在國內投資市場也遇到了巨大的考驗，大家可能也知道，有不少有名的投資人敗走麥城。

投資市場沒有完美的理論，你信奉什麼樣的理論就做什麼樣的交易，硬幣都有兩面，你在接受它優點的同時也得承受它的缺陷。

11 怎麼看待索羅斯的反射理論？

索羅斯是一個非常成功的投資大師，他在《金融煉金術》中一直強調他的反射理論不但適應金融市場，而且可以解釋人類社會的很多現象。我覺得，索羅斯的成功除了反射理論以外，還有別的因素，不過他似乎不太願意講。他寧願人們把他當作一個哲學家，而不是一個投資大師。

反射理論強調市場趨勢一旦啟動，慢慢地就會自我強化，「市場價格的變化進而會導致市場價格的進一步變化」，從而引起市場的大起大落。我不知道這樣的理解對不對。我認為反射理論確實抓住了金融市場價格變化的某些關鍵特徵，所以，索羅斯總是在全球各個市場尋找符合他的理論的投資機會。每當市場走勢符合索羅斯的反射理論時，他就能從中獲取暴利。

當然，索羅斯也承認，反射理論並不是適用於所有場合，市場變化很多時候不會出現反射過程。此時，英雄就會無用武之地，勉強介入市場，即使像索羅斯這樣的投機高手也難免失手。

在《金融煉金術》中，索羅斯曾經介紹了他在外匯市場中運用反射理論操作失敗的情況。20 世紀 80 年代初，債券、股票、外匯市場都沒有大的波動，市場價格在一個不大的空間中隨機漫遊，這樣的市場走勢實際上並不符合索羅斯反射理論的要求。所以，每當索羅斯擬定一個市場假設進行投資時，市場價格的變化總是和他的預期背道而馳，他不得不跟在市場後面疲于應付。最後，索羅斯被迫放棄這場毫無取勝希望的遊戲。

可見，索羅斯在市場中也不是所向無敵，只有當市場走勢符合他的反射理論時，他才能獲得巨大的成功。

12 怎麼看待技術分析指標，它們有用嗎？

我自己從來不用這些技術指標，我講一個故事可能對你理解技術指標的價值有啟發。

威爾斯·威爾德是一個工程師，他對金融投資非常感興趣。因為他的工科背景，他希望在投資過程中用一些科學定量的工具來預測、判斷市場走勢。所以，他發明了很多技術指標來衡量市場多空力量的變化，包括RSI、SAR、DMI等工具都是他的創造。*1979* 年他寫了一本書—《技術分析新工具》，從此以後，全球金融市場的投資者幾乎都能在電腦上看到他發明的這些指標，很多人在用他的指標做交易。讓人驚訝的是，*20* 年以後，威爾斯竟然寫了一本讓人目瞪口呆的書，他認為他以前發明的這些定量指標毫無用處，完全不可能讓他在投資操作中取得成功，順勢而為這個模糊定性的原則才是成功投資的關鍵。一個發明了那麼多技術指標的人，最終拋棄了他自己信奉的理論，這是一個多麼令人諷刺的笑話。

更可笑的是，發明者自己已經拋棄的這些工具，在金融市場還有無數人每天在使用，把自己的投資命運和這些工具緊緊聯繫在一起。

13 怎麼看待波浪理論？

市場中很多人信奉艾略特波浪理論，但在我的印象中，對這個理論的看法爭議極大，要麼對它的效果極度誇大，似乎能夠未卜先知，要麼把它視為事後諸葛亮，總是在行情走完後，對它有完美的解釋。

我對這個理論並沒有深入的瞭解和研究，但我認為它有一個思想非常有價值，就是波浪理論的交替規則，我在市場交易中也從中多次受益。但艾略特理論把市場上漲和下跌精確地分成 144 個波浪，我覺得這種過於定量的科學思維模式有問題。

在《作手：獨自徘徊天堂與地獄》中，我曾經對有些人吹捧得過於神奇、科學的波浪理論的預測效果提出質疑。其實，我並沒有完全否定波浪理論的意思。

令我感到驚奇的是，書出版後不久，我突然接到一個電話。一位自稱某本波浪理論著作的作者對我在書中無知地批評波浪理論的觀點非常惱火，在電話中數落了我大約 10 分鐘。他明確告訴我，他的波浪理論是一門非常嚴謹的科學，可以事先非常精確地預測到某一個股票或者商品期貨的價格變化，誤差小到可以忽略的程度。他要求我在下一次修訂時，一定要把書中對波浪理論的不恭之詞刪掉。

碰巧的是，我在電話中瞭解到，這位在國內股市頗有名氣的波浪理論專家，最近剛好在我做交易的期貨公司開了一個帳戶，準備到期貨市場小試牛刀，從事商品期貨的投機。

作為一個交易員，雖然我對波浪理論不是很內行，只懂一點皮

毛。但是，有一點我非常清楚，那就是，任何一種價格預測工具都不可能做到 100% 的準確。把期貨交易建立在市場價格可以完全準確預測這種信念之上的操作是極為危險的。所以，對這位波浪理論專家神准的預測能力我非常懷疑。

大約過了兩個月，我碰到了那家期貨公司的總經理，因為對那個波浪大師的交易結果非常感興趣，我便向經理打聽這位元專家的操作情況。期貨公司的老總告訴我，不到兩個月時間，這位波浪大師就被期貨市場打敗走人了！

如此精通波浪理論的大師，在期貨市場面前卻是如此的弱不禁風，不堪一擊！由此可見，期貨投機終究不是一門科學，事實上無論是基本分析還是技術分析，還是其他預測理論，都無法對市場走勢給出肯定的結論，讓我們的交易結果有一個可靠的保證。

14 怎麼看待日本蠟燭圖？

日本蠟燭圖最早出現在德川幕府時代，是為了記錄、預測當時大米價格波動而發明的。本間宗久的「酒田戰法」是日本K線理論的經典之作。

K線理論不是嚴格邏輯推理的科學，更多體現出的是一種東方人的思維方式。一葉知秋，試圖從局部價格的變化中推測出整體市場走向。用單根K線、一兩根K線組合、多根K線組合來研判後市走勢，這可能和日本民族高度重視細節的人生態度、習慣有關吧！

在我的印象中，日本人把投機當作一門藝術，很多描寫投機交

易態度、K線形態預測意義的比喻充滿詩意，非常形象生動。「投機家要做隨風之楊柳」、「向市場求教市場」、「殉情前的最後擁抱」、「一棵柳樹下碰不死兩隻兔子」、黃昏之星、早晨之星、紅三兵、三隻烏鴉等等。

在投資生涯的早期，尤其是 1995 年前後，受臺灣作者張齡松的《股票操作學》的影響，我一度對蠟燭圖非常癡迷，曾經無數次想通過一兩根K線的變化來預測短期市場走勢。後來發現這東西有時候准，有時候不准，結果和扔硬幣差不多，基本不靠譜，最終非常失望。其實，市場本來就沒有什麼絕對的規律，日本K線技法不下數十種，假若不對長期目標、中期目標、短期目標加以區分，今天按照這種形態買入，明天又按照那種形態賣出，結果只能使自己陷入混亂的境地。

單純地使用K線去預測市場並據此操作，往往是管中窺豹、一葉障目，很難真正抓住市場大機會。趨勢和結構是我理解、定位市場的基礎，K線理論只是作為我把握入場時機和買賣點的一個工具，用好了，就是我交易體系中畫龍點睛的那一筆。

第三節

我的交易體系與理論核心：
趨勢＋結構理論

我把市場價格分為三種情況——

結構內：價格運動隨機、無序；

結構臨界狀態：價格運動非常不穩定；

結構外：價格運動有很大的序性、必然性。

15 請簡要介紹市場上其他的投資理論？

市場中的理論數不勝數，很多我也不清楚，我簡單介紹一下我瞭解的常見的幾個流派：

（1）尼德霍夫的迴圈理論

尼德霍夫是哈佛大學的博士，他早期的投資非常成功，很快從四萬美元做到了兩千多萬。尼德霍夫在自己的《投機生涯》這本書中講到，他的交易思路得益於非洲的一次旅行。非洲人發現這樣一個現象，大象覓食以後，往往會按原路返回，所以捕捉者就在大象回來的路上挖坑。尼德霍夫受到大象行走規律的啟發，發明了市場迴圈理論。在他看來，非洲捕象者的這個思路在金融市場上也很適用，很多時候市場價格運動也是這樣，一波上漲行情之後，市場大概率還會回落。所以，在市場大漲大跌行情發生時，逆向買賣是有利可圖的。

尼德霍夫靠這種方法在市場中掙了很多錢。但是，這種理論有致命的缺陷，尼德霍夫自己也知道，每年總有那麼幾次行情讓他飽受煎熬，心驚膽戰。為什麼呢？因為大象往往沒有按照預期時點原路返回。

對於這種操作思路，索羅斯早就教訓過他說：

「為什麼你總是對抗大趨勢呢？為什麼你總是為難自己呢？你是個受虐狂？你沒有讀過我的書嗎？市場具有自反性和正向回饋性，這就是為什麼我們需要一個超國家的利他的權威來穩定局勢。」

（2）神秘主義流派

國內外市場裡，總有一些人會發明一些稀奇古怪的神秘投資理論。國內我印象最深的是有一本書，用周易八卦來預測鄭州綠豆市場每一天行情的漲跌。國外最著名的神秘主義者就是江恩理論。據說，江恩有很多套神奇的方法，所謂的江恩六邊形和九九數字圖等，能夠非常準確地捕捉市場頂和底，勝率極高。但後人考據，江恩並沒有在市場中賺到多少錢，他的兒子也親口證實了這一點，他的父親其實僅留下 10 萬美元，而且大部分是靠版稅賺到的。

　　按照我的投資哲學，這種神秘主義的思維方式本身就有問題，一旦走進這樣的思維陷阱，即使皓首窮經地嘗試探索，最終也不可能成功。

　　（3）量化投資理論

　　量化投資理論現在很流行，國外以文藝復興為代表，他們的交易量占市場的比重越來越大。國內也是如此，幾年前有朋友告訴我，他們做了個統計，國內期貨市場大約有三四百億的資金在按量化投資模型交易。對量化投資我瞭解得不多，到底行不行，我也不敢肯定。

_16_　看來，你對市場上流行的投資理論都不是很認同，那麼你選擇了什麼樣的投資理論？

　　我的投資理論既不是正統的價值投資理論，也不是傳統意義上的技術分析理論，我用趨勢和結構思想來理解市場，對市場進行定位，類似於地球儀上的經緯度的作用。

趨勢、結構理論是我的投資理論的核心，也是我交易體系和別人區別較大的地方，但它確實是我解讀市場和交易決策的基礎。

17 為什麼用趨勢理論來解讀市場？

在我的投資體系裡，趨勢是最重要的概念。

趨勢這個概念所有市場交易者都知道，但在我看來，大家對這個概念的理解非常混亂，有人眼裡的趨勢是市場長期趨勢，有人眼裡的趨勢是市場中期趨勢，有人眼裡的趨勢是市場短期趨勢，甚至有人把日內價格的波動也用趨勢來表達。

我對趨勢的理解得益于中國古代文化。「趨勢」這個概念源遠流長，遠比金融市場的歷史要久遠。

兩千多年前，孟子就說過，「雖有智慧，不如乘勢」。宋朝的陳亮也說，「天下大勢之所趨，非人力之所能移也」。

在中國古代，趨勢是一個很宏大、寬泛的概念，用來解釋很多領域的變化規律，軍事上有勢的概念、政治領域也有勢的概念，包括圍棋中也講勢的強弱。我受此啟發，把趨勢的概念用於解釋金融投資市場的變化。

在我看來，國內外在金融市場上成功的人一定是把握住了市場大趨勢的機會，借了勢的東風。反之，重大的投資失敗經常是因為逆勢而為。古今中外，概莫能外。

趨勢的力量是巨大的，無論在哪個行業，有意無意，順勢而為都容易取得巨大成功。舉個例子，最近十年買房的人，不管是自己

住，還是投資，資產大大增值，就是因為他們乘上了房價大幅上漲的這一波大勢。

18 投資理論中的趨勢概念，你怎麼定義？

我的趨勢概念與傳統技術分析中的趨勢有所不同，它包括三個要素：①時間上只有長期趨勢這一固定的尺度；②趨勢的判斷非常清晰、直觀，在走勢圖上一目了然；③趨勢具有不以人的意志為轉移的力量。

19 結構，很少人用在投資市場，你的「結構」是什麼意思？

投資市場中有一個很有名的交易流派—趨勢跟蹤，用這套方法有很多人獲得了成功。我很認同這種追隨趨勢的交易思想。但是，在我看來趨勢跟蹤這種方法也有不盡人意之處，當我們長期持有一個順勢倉位時，因為市場的趨勢運動不是直線的，在趨勢演化的過程中，必然會出現趨勢的停頓、徘徊、震盪，有時候這個時間會持續很久，趨勢跟蹤者持有的倉位會因此受到市場價格隨機運動帶來的巨大影響，帳戶權益很可能會有大幅波動，這給投資者帶來了很大的心理壓力，這種考驗甚至是煎熬，有可能讓投資者無法承受而被迫放棄頭寸，導致未來持續的趨勢行情無法把握而前功盡棄。

所以，在我看來，光用趨勢概念去解釋市場遠遠不夠，我就在趨勢演化過程中引入了結構的思想。

按照我的定義，結構通常是指市場趨勢在演化過程中間出現的

停頓、反向運動的中間狀態。表現特徵是市場價格在一定的區間內隨機、無序運動，行情缺乏持續性，經常出現沖高回落和急跌反彈的情況。

我的結構這一概念來自于普裡戈金「耗散結構理論」的啟發。普裡戈金是一個諾貝爾化學獎的得主，在分子運動的研究中取得了重大成就。我在上學期間，北師大曾經邀請他來講課，演講的內容就是耗散結構理論。

普裡戈金在研究偏離平衡態熱力學系統時發現，當系統離開平衡態的參數達到一定閾值時，系統將會出現「行為臨界點」，在越過這種臨界點後系統將離開原來的熱力學無序分支，發生突變而進入到一個全新的穩定有序狀態；若將系統推向離平衡態更遠的地方，系統可能演化出更多新的穩定有序結構。普裡戈金將這類穩定的有序結構稱作「耗散結構」。

也就是說，分子在一個平衡態下的運動是很隨機的，分子現在在這裡，下一跳到哪裡沒法知道。但是，如果這個平衡態被打破，它的運動就有了規律，就有了決定性。普裡戈金後來還把化學理論中的這些思想用到了社會科學的分析。

普裡戈金提出的平衡態、耗散結構思想對我解讀金融市場的走勢有極大的啟發，我就借用了「耗散結構」理論的結構思想，用於構建我的投資理論體系。

在金融投資市場的趨勢演化過程中，我把市場價格運動分為結構內、結構外、結構臨界狀態三種情況。結構內，價格運動非常隨

機、無序，結構臨界狀態，價格運動非常不穩定，結構外，價格運動有很大的有序性、必然性。這個「趨勢+結構」理論，是我制定操作策略的基本依據。

20 請用具體例子，解釋你的結構思想？

舉個煤氣罐的例子。

按照耗散結構理論的解釋，在一個封閉的煤氣罐內，氣體分子是隨機運動的，分子的運動都是不確定的、無法預測的。

如果我們將煤氣罐的閥門打開，因為罐內外的巨大壓差，煤氣罐內的氣體一定會沿著閥門外的導管向外運動，這時的分子運動方向是有序的、確定的，直到這種壓差力量耗盡為止，分子運動又進入隨機狀態。

在煤氣罐裡面的分子運動相當於結構內的市場價格運動，是隨機的、不確定的、無法預測的，閥門打開後分子向外運動就相當於市場價格從結構內向結構外運動，有一定的必然性、規律性和可預測性。

再舉個例子。水庫裡的魚的遊動方向是隨機的、非常不確定、完全無法預知，但是，如果水庫大壩垮了，由於水流由高向低運動的巨大勢能，魚一定會向大壩垮的方向運動，這個時候魚的運動方向是線性的，確定性很高。

壩垮以後魚的運動相當於市場價格由結構內向結構外突破，在市場運動力量衰竭以前，價格變化方向是不以人的意志為轉移的。

21 你的投資理論和你的投資體系是什麼關係？

　　我的投資體系包括投資目的、投資哲學、投資理論、風險管理等，投資理論的選擇對投資者的市場命運具有深遠的影響，你選擇什麼理論，你看到的就是什麼樣的世界。

Chapter *04*

投資風險和心態

優秀交易員不但是進攻的專家，更是風險控制的專家。交易風險控制的最高境界是未雨綢繆，防患於未然，其次是主動控制和被動防守，最後底線是暫停交易。

投資心態的培養沒有捷徑可走。專注執著，追求自然而然的境界，是一個人做好任何事情應該具備的優良品質，期貨業更是如此。

第一節

比起策略和技巧，
主動控制資金曲線重要得多

理想資金曲線是「階梯式」上升。

為控制交易節奏，

有時需暫停交易以等待機會。

01 為什麼講課、寫書時總是強調期貨交易的風險，勸人不要進入期貨投機行業？

大量投資者經常問我期貨操作有沒有贏利秘訣、捷徑、技巧，然而，高槓桿的期貨交易是一把鋒利的雙刃劍，玩得好，可以淋漓盡致地展現期貨市場最具魔力、神奇的一面，短時間獲得驚人的回報。

但如果只看見了交易成功帶來的高回報，對另一面一巨大的風險沒有正視，是一件非常危險的事情。

在高槓桿的期貨市場，一次意外，足以喪命。即使你學會成功交易的方法、技術、手段，如果不知道如何面對輸，最終還是會失敗。

當初寫《作手：獨自徘徊天堂與地獄》的初衷只是想給自己過去的十年做一個交代，但是，我真正的目的實際上是想通過自己在期貨市場大起大落的經歷告訴大家：期貨交易是一個風險極大的行業，所以我從來不鼓勵人參與期貨投機。

世界上的事情總是很奇怪，壞的結果往往是由好心促成的。很多投資者看到了我的第一本書以後，有意無意地忽略了我書中對市場交易風險的提醒，而是在這本書中尋找投資成功的秘訣，這與我的初衷完全背道而馳，我竟然成為了我書中提到的「冥河的擺渡者」！

_02_ **對期貨交易的風險這麼重視和強調，是因為在 _319_ 國債期貨上**
　　　暴利後又賠回去的經歷？還是因為看到過太多期貨市場的悲劇
　　　故事？

兩者都有。

我對風險的認知，和我曾經的大起大落有很大關係，那一次的
經歷是其中之一，銘心刻骨。

無數次曾經的暴利對我來說，就像《作手：獨自徘徊天堂與地
獄》中有一章的標題一樣—「紙上富貴一場夢」。每次當我獲得暴
利的剎那間，都會沉浸在虛幻的自我臆想中，似乎用不了多久，賺
個十億八億也不在話下。這樣的狀態下，誰還會考慮風險管理呢？
風控意識早已被拋到九霄雲外。事後看來，那時的我根本沒有足夠
的能力構建、遵守一套完整的風控規則，沒多久，這些錢毫無例外
地還給了市場。

期貨市場你總會聽說又有誰賺了多少錢，但很少會聽說誰賠大
錢的消息。我曾經無數次應邀參加過期貨實盤大賽的頒獎典禮，
為大賽的優秀獲獎選手頒獎並對他們的交易進行點評。在我的記憶
中，每年那麼多期貨大賽的獲獎者，第二年、第三年還能創造佳績
的寥寥無幾。往往成功一次之後，就再也沒有這個人的消息。短暫
的成功就像天上的流星，耀眼、明亮的光芒，美則美矣，卻轉瞬即
逝；或者像春季的櫻花，姹紫嫣紅的色彩，驚人淒豔的美麗，一場
大雨過後，「零落成泥碾作塵」，煙消雲散，徒然令人感傷、歎
息！

_03_ 風險管理看似是投資中一個最基本的常識，但人們為什麼這麼
容易漠視交易的風險？

《作手：獨自徘徊天堂與地獄》中，我曾經寫到過一個寓言故
事：

「有一個人總是夢想著發大財，一天到晚腦子裡想的都是黃
金。有一天，他路過一家金鋪，看見櫃檯上擺了很多黃金。他的眼
睛一直盯著那一堆黃金，不由自主地走過去，伸手就把黃金往自己
的懷裡裝。當他被送到官府以後，有人問他：『你怎麼會在光天化
日之中去拿別人的東西？難道你沒有看見周圍有這麼多人嗎？』他
回答說：『當我見到金燦燦的黃金時，我的眼裡只有它，哪裡還有
什麼人啊！』」

看到這個故事，大家可能會和我當初剛看到時一樣，認為這太
荒誕不經了，世上怎麼可能會有這種人？其實，我們每天在期貨市
場的所作所為，捫心自問，和這個傻瓜的愚蠢表現有多大區別？

馬克思的《資本論》中有一段話：「如果有 10% 的利潤，它
就保證到處被使用；有 20% 的利潤，它就活躍起來；有 50% 的利
潤，它就鋌而走險；為了100%的利潤，它就敢踐踏一切人間法律；
有 300% 的利潤，它就敢犯任何罪行，甚至絞首的危險。」

_04_ 你經常用「圍棋十訣」的思想來說明期貨交易風險管理，這兩
者有什麼關係？

我有個業餘愛好─下圍棋，也有很多朋友是職業圍棋高手。當

我看到「圍棋十訣」內容的時候，很有感觸，發現它隱含的思想和期貨交易風險管理之道驚人的一致。

《圍棋十訣》

不得貪勝，入界宜緩；

攻彼顧我，棄子爭先；

舍小就大，逢危須棄；

慎勿輕速，動須相應；

彼強自保，先勢後地。

就我的理解，這裡面沒有任何攻城掠地、倚天屠龍的攻擊性思想，整體思路基本都是圍繞著在自我保護、控制好風險的前提下，如何取勝的方法和策略。頂尖圍棋高手總是穩紮穩打，步步為營，很少會貿然出擊，通過強行冒險的舉動殺掉對方大龍，徹底擊敗對手。

韓國棋手李昌鎬 16 歲就奪得了世界冠軍，並開創了一個時代，卻很少妙手，成了一個謎。

一次，記者問他這個問題，內向的他木訥良久，憋出一句：「我從不追求妙手。」「為什麼呢？妙手是最高效率的棋啊！」「……每手棋，我只求 51％ 的效率。」

記者愣住了，只求 51％ 的效率？眾所周知，棋子效率越高越佔優勢，高效行棋，自古以來就是棋手追求的目標。

李昌鎬又說：「我從不想一舉擊潰對手。」記者再追問，他不開口了。

我們對待期貨交易的態度也應該學習李昌鎬的精神，穩中取勝，在良好的風險管理基礎上，追求合理的回報。

索羅斯的長期年收益率只有 30% 左右，很多期貨高手對這個數字簡直不屑一顧。但是，經過期貨市場長時間考驗以後，還能生存下來，並且取得輝煌成功的人屈指可數。

我們需要追求的是長期成功之道，而不是為了短期暴利成為亡命賭徒。正像巴菲特的老師本傑明‧格雷厄姆所說，「以安全性為代價來追求收益率，最終往往是得不償失的」。

05 在兩百多年的金融投資歷史中，無數人的命運都和風險失控聯繫在一起，但是，人總是健忘的，最近一二十年，這樣的悲劇故事依然在重演。那麼，成功的投資大師是如何看待風險、管理風險的呢？

所有的投資大師無一例外都高度重視風險控制。

1997 年，我第一次看到索羅斯的《金融煉金術》。當時正值我投資生涯的低潮，所以對索羅斯的投資思想、投資理念非常感興趣，希望能在他的書中找到投資成功的思路和方法。但是，當我看完這本書後，並沒有找到任何我覺得能在市場中賺錢的「煉金術」，他在書中說到與風險相關的兩句話令我感到非常震撼：

「相對於近期贏利，我更關心基金資本的安全。」

「我主要的還是著眼於限制虧損，而不是牟取暴利。」

作為全球金融市場鼎鼎有名的基金經理和投資大師，索羅斯在

他的投資生涯中，竟然把風險管理放到了這麼重要的地位，這讓當時的我完全不能理解。像他這樣可以說是走在市場曲線前面的人物，怎麼會這麼重視、思考基金的資產安全和風險管理呢？

這兩句話在我以後漫長的投資生涯中留下了深刻的記憶。

「當我看見一個危險信號的時候，我不跟它爭執，我躲開！幾天以後，如果一切看起來還不錯，我就再回來。這樣，我會省去很多麻煩，也會省很多錢。」這是傑西·李佛摩在《股票大作手回憶錄》中談到的投資體會。

所以，期貨交易既是一門贏的藝術，更是一門如何管理風險、控制風險，在判斷失誤、深陷困境中聰明地保存自己實力的輸的藝術。優秀交易員不但是進攻的專家，往往更是風險控制的專家。

06 在講課中，你曾提到一位優秀交易員，他在期貨市場獲得很大成就，但你最佩服的，並不是他的市場判斷力與關鍵時重倉一擊的能力，而是他看錯方向時逃跑的速度和壯士斷臂的勇氣。在你看來，這是不是對他的成功起著決定性作用？

我認為是的。

這個交易員的風格富於攻擊性，他的操作動作兇悍快速，但是，這樣一個看起來富有冒險精神的激進選手，一旦遇到風險，割起肉來毫不手軟。有幾次因為意外事件導致大幅虧損，他果斷砍倉止損的交易讓我記憶深刻。每次講課談到風控時，我都會拿他的操作作為經典案例和大家分享。

有一筆黃金交易，前一天市場向上突破，他大倉位持有多單，因為隔夜外盤的大幅暴跌，第二天黃金大幅跳空低開，開盤一秒鐘他就砍了，認賠離場。隨後黃金繼續下跌，如果稍有猶豫，他只會賠得更多。

多數贏家會告訴你，他們虧損的次數要大於盈利的次數，為什麼還能成功？原因就在於良好的資金管理。

對這一點，我有最真實的體會。幾年前，有一家期貨公司給我一個帳戶一年的交易情況做了統計分析。我的勝率只有 *44.45%*，但年收益率是 *124.5%*，核心原因是沒有出現單次重大虧損，每筆虧損交易的幅度都不大，但是把握住了幾次重大的交易機會，獲得了很高的收益。

07 作為一個有多年交易經驗的投資者，什麼樣的資金曲線走勢是比較理想的？

我心目中理想的資金曲線是一種「階梯式」的上升狀態。按照我的投資理論，每當把握住一個機會，資金曲線出現一段明顯的上漲走勢後，市場往往會進入一種曖昧狀態。隨後如果不放緩節奏，繼續留在市場，往往會導致盈利回吐，資金曲線下跌。所以，這個階段對我來說，控制交易節奏，甚至暫停一下交易，能夠讓資金在市場曖昧的階段保持平穩。這樣，等到下一次機會來臨時，資金曲線又能在一個較高的平臺上進一步上升。

當然，資金曲線要達到完美的階梯式上升只是一種理想，實際

交易中要做到其實是相當有難度的。因為大部分時候，你無法知道行情的演化方式和市場運動的階段性高低點，同時，為了把握下一次市場交易機會，往往需要試探成本，不可避免地會引發資金曲線上漲後的回落。

主動控制資金曲線可以給我們的操作提供有價值的指引。盈利階段我們是不是要戛然而止？回撤過程中是不是要主動控制倉位，甚至停止交易？考慮這樣的問題遠比研究具體交易中的策略技巧重要得多。

_08_ 在資金管理方面，有沒有具體的思路和方法跟大家分享？

我的助手幾年前做過一個統計分析，她在設定一些風控條件的情況下，對一個交易員一年的資金曲線進行優化測試。

先把一年的實際資金曲線圖製作出來。每當資金曲線回撤5%，假如交易暫停一天，兩天，三天，你會得到三張新的資金曲線圖。通過比較，這三張模擬的資金曲線圖之間結果差異並不大，但和原始的資金曲線圖相比，採取暫停交易策略，整體權益可以得到顯著的改善。

第二節

好工作品質是盯自己做該做的，
在期貨業更要如此

掙該掙的錢，虧該虧的錢。

若自己的交易體系從長期看有優勢、有勝算，

則一以貫之地堅持。

_09_ 有人認為期貨市場提供了槓桿就應該充分利用，不然還不如做
　　股票，而有的人覺得應該控制槓桿，比較節制地操作，你如何
　　評價這兩種交易態度？

　　性格決定命運。選擇什麼樣的風險度，這種事因人而異，有些
人可能是進攻型的，有的人是防守型的，我個人是激進冒險型的。
這麼多年的期貨投資生涯，我在嘗到它的甜頭的同時，也吃盡了它
的苦頭。我可以一天賺 690 萬，但也出現過單日很大的虧損。隨著
投資閱歷的增長，還是覺得適當地運用槓桿比較明智。

　　有一個交易高手，連續幾年都保持著穩健的收益狀況，每年的
回報率大約在 20% 左右。有一次我去他們公司，他和我談到他的
操作策略，說自己在單個賬戶上每次動用的資金一般也就是 5% 左
右，10% 的就算是重倉了，最有把握的時候，也不超過15%。

　　我當時聽後極度震撼！因為在我看來，期貨交易怎麼會有這樣
的做法呢？但我很快意識到，這是一個很厲害的人，眼光長遠，對
投資的本質、對複利效應、對風險和回報的關係等，都有深邃的理
解和洞察。沒有這樣的智慧和胸懷，是不會有這種操作思路的。

　　這是這麼多年我見過的唯一一個如此從容、志在長遠的期貨交
易員。我相信，只要不忘初心，踏踏實實，一步一個腳印，未來的
中國期貨市場一定會有他一席之地。

_10_ 平時講課中談到，自己在交易時有四道風險控制防線，請介紹
　　具體內容。

　　這只是個形象的比喻。我在講課時曾經畫過一張圖，用四個圓圈作為期貨交易四道防線，讓大家對風險控制有一個直觀的感性認知。

　　為了保衛大明江山，明朝末期以北京為核心設有四道防線，袁崇煥鎮守的關寧錦防線是第一道，北京郊區八達嶺周邊是第二道，北京明代古城牆是第三道，紫禁城的護城河和城牆是最後一道。按理來說，這麼嚴密的佈防措施，明朝江山應該是固若金湯，事實也是如此。在袁崇煥守衛邊境的那些年，因為他的天才軍事才華，後金始終不能突破關寧錦防線，明朝雖然岌岌可危，內外交困，但依然能夠苟延殘喘。

　　我把期貨交易的風險管理也用四道防線來比喻，倉位元管理相當於最週邊的關寧錦防線，主動止損、時間止損相當於北京郊區的防線，被動止損相當於北京明代古城牆的防線，單日風控底線和資金淨值管理相當於紫禁城的護城河和城牆的最後防線。

　　在我看來，無論是軍事還是交易，第一道防線都是最重要的。在期貨交易中，第一道防線就是倉位元大小，重倉交易是極度危險的，在這一關上我們如果適當控制，未雨綢繆，期貨交易的安全就有了基本的保證。我個人的操作策略是試探盈利加碼，目的就是保證盈利時倉位大，虧損時倉位小。

　　在我的交易中，第二道防線是時間止損和主動止損，所謂時間止損，就是當我開倉以後，市場價格運動沒有符合我的預期，交易結果沒有正回饋，我會主動減倉，有意識地降低風險。

　　價格止損是一種相對被動的自我保護，我在開倉的那一剎那，

都會給下單員下一個被動止損的指令，一旦市場價格走勢不利，我的被動止損就會被觸發，自動認賠離場。

第四道防線是單日風控底線和資金淨值管理，從公司管理角度來說，每個帳戶單日都會有一個風控底線，一旦觸發底線，立即清倉離場，當日停止交易。階段性也有一個風險底線，一旦觸及會讓自己休整一段時間，調整心態，恢復狀態。

作為一個交易員，風險控制的最高境界是未雨綢繆，防患於未然，其次是主動控制和被動防守，最後底線是停止交易。下面這個扁鵲和他兩位兄長的故事可能對我們進行風險管理會有啟發。

魏王問扁鵲：你家兄弟三人，誰醫術最厲害？答：長兄最好，中兄次之，我最差。王再問：那為何你最出名？

答：長兄治病於病痛發作前，人們不知他事先能剷除病因；中兄治病于病痛初起時，人們以為他只能治小病；我治病於病痛嚴重期，所以人們以為我醫術高明。

所以說，要達到風險管理的最高境界，就要如同扁鵲長兄一樣，防患于未然。

11 交易已經二十多年，市場環境和投資者結構都發生很大變化。你的風險管理，是否有明顯變化？

我剛開始做交易的時候，全國大大小小的交易所有幾十家，市場操縱的現象很多，極端行情導致爆倉的情況屢見不鮮。面對這樣兇險慘烈的市場環境，交易員的生存和發展格外艱難。還能活下來

的交易員，交易風格往往偏向於勇敢剽悍、剛猛激進，我早期就是這種風格。

從個性上來說，我其實是一個極度進攻型的人，優點是敢闖敢拼，缺點是欠缺對風險的重視。但是，為了長遠穩定發展，我必須權衡回報率和波動性的關係。

隨著年齡的增長和自己對交易理解的深入，我逐漸建立了比較完善的風險管理體系，希望自己追求更加穩健和確定性的利潤。

.

12 曾經在一次演講中你提到，期貨基金的風險管理可以分為三個層面，具體是哪三個層面？

這只是我個人對期貨基金風險管理的一種理解。第一個層面是交易員的內在自我控制，這是最核心的；第二個層面是輔助性外在管理；第三個層面是強制性風險管理。

13 投資是一個孤獨的遊戲，需要獨立決策、獨立負責。這是不是你說僅僅依靠交易員的內在自我控制是一條比較「懸」的風險管理之路的原因？

期貨交易中，經過漫長的市場磨煉，交易員也許真的可以達到寵辱不驚、心如止水的心理境界，我想這就是孔子所描述的「從心所欲而不逾矩」。但這種通過自我修煉達到徹底的自我控制，可能只是我們的一種理想追求，現實中的人永遠都不能擺脫非理性的一面。

《作手：獨自徘徊天堂與地獄》最後一章的題目是「裡費默之

死－生命本質的非理性之謎」。在我看來，傑西‧李佛摩絕對是天才的投機家。他對市場的認識不可謂不深刻，採用的交易策略不可謂不聰明，投機史上無出其右。但他的投機生涯卻經歷了多次大起大落，1929 年最高峰時盈利上億美元，最終卻在 1941 年以自殺的方式結束自己的一生。傑西‧李佛摩的結局就是對交易員內在控制很「懸」的最生動的注解。

_14_ 所謂的輔助性外在控制主要指的是什麼？

交易員是一個活生生的人，人是有情緒的動物，有自己的體力周期、智力週期和心理週期，也有知識結構和體力、精力的局限性。打造以優秀交易員為核心的投資團隊，對於資產管理公司走上長期穩定的贏利之路有深遠意義。

扁蟲魚在《投機者的撲克牌》中寫道：

「風險控制的價值在於不改變主操手操作技巧和對市場研判的同時，能大幅降低虧損，提高盈利。」

「風控的職責就是平穩主操的心態，熟悉主操在行情過程中何時會有超自然的情緒反應，並使進場離場都成為理性思考的產物。」

我認為，這兩句話就是對輔助性風險管理的比較好的詮釋。

_15_ 強制性風險管理是否就是不考慮交易員的情緒、心理狀態，嚴格按照公司的風險管理制度執行？

　　是的，強制性風險管理必須是獨立的。風控人員或風控部門負責對交易員的風險進行嚴密監控，當交易員達到風險管理底線時，必須強制停止交易，防止風險失控。

　　中國目前的私募投資機構大致可分為兩類，一類是由國內投資市場二十多年大浪淘沙，碩果僅存的一些明星交易員發起並作為大股東的投資公司；另一類是股權結構相對合理，借鑒了國外成熟投資管理模式的投資機構。這兩種公司在股權設置和管理理念上存在的差異，導致風險管理方式截然不同，長期來看，投資公司未來的命運也會迥然不同。這一點，我有深切的體會。

　　我也是從國內最初的投資環境中單打獨鬥起來的個人交易員，近些年成立的幾家公司，兩種類型都有。

　　最早的公司完全是我個人的，所有的員工都是我招聘進來的。我讓他們給我做風險管理，事後看來效果極差。為什麼？你想，公司是我的，所有的制度設計和最終執行與否的決策權都在我手中，怎麼能讓下屬部門真正控制住風險呢？國內外不乏非常著名的交易員和投資者，因為同樣的問題陷入嚴重風險失控的不利處境。如果交易員一股獨大的問題不解決，這種公司永遠存在著內部管理無效和風險無法真正得到控制的隱患。

　　另一類公司，由於內部股權結構合理，股東之間有制約關係，董事會負責組建一個不受制於一線交易員的獨立風控部門，或是從外部聘請協力廠商風控。這樣的結構安排能真正保障風險制度的實施，公司發展更有安全性和穩定性。

交易風險管理作為獨立專門的工作，有巨大的意義和價值。《交易風險管理》的作者在書中曾講到，因為機緣巧合，他最終選擇把風險管理作為自己的職業，幫助世界上一些最優秀的對沖基金經理管理過風險，讓他們成功渡過了多次大規模危機。

16 面對市場運動的不確定性，要培養良好投資心態有什麼辦法？

中國文化主基調強調人心善，西方基督教強調人的「原罪」。在我個人的價值觀中，西方文明主張的性惡論的思想遠比性善論深刻得多。我們總是希望天上掉餡餅，總是急功近利、鼠目寸光，想走捷徑，總是「燕雀有鴻鵠之志」。做了這麼多年期貨投機，感悟很多，其中有一點特別有體會，做任何事情，以性惡論的假設為基礎，結果反而會好很多。這和中國人說的「先小人後君子」的思想倒是不謀而合。

金融市場是一個弱肉強食的殘酷戰場，功成身退者寥寥無幾，大多數人沒有多久就死了，再奢談培養良好的心態不是笑話嗎？一個人最後能不能走到你說的有良好投資心態的人生階段，不但有自己努力的成分，也有很大的偶然性，但首先你得在市場中活下來。

所以，我認為空談投資心態沒有任何意義，良好的心態不可能一蹴而就，而是在艱難、漫長的死亡遊戲中，只有死裡逃生的殘存者才有資格談論的話題：他是如何熬過那種讓人絕望、令人窒息的過程，有意無意進入到心如止水、成敗得失處之淡然的精神境界的。或者就像《對沖基金回憶錄》作者所說的，只要你進入了投機

這一行，這輩子就休想再有無憂無慮、安逸的日子，內心永遠會處在焦慮和煎熬之中，世界上根本就不存在良好的投資心態這一說。

如此說來，不僅僅是我，沒有人可以給你一副靈丹妙藥，讓你的心態在短期之內有一個飛速的提升，你想把自己提升到哪裡去呢？我這本書取名「澄明之境」，我深切地知道，這只是我內心憧憬的一個理想目標而已，可望而不可及，人作為一個有限理性的存在，永遠不可能真正進入那種境界。

說到這裡，我好像有點離題了，而且比較消極。這些只是臨時想起，有感而發罷了。

還是回到正題吧，也許還有點正能量。

在我看來，投資心態和投資者所處的不同階段、投資認識的深度有重大關係。一般情況下，越是新手，他的投資心態就越不可能好，也不會穩定。只有隨著時間的推移，經過無數次大浪淘沙後的倖存者，對市場交易的認知越來越深刻，他的心態才會慢慢轉變，逐漸進入一個相對比較好的狀態。

根據投資者對市場認識程度的差異，我粗略地把投資心態的演化過程分為三個階段，對不對不好說，只是我個人的一點體會而已：

第一階段是新手階段。新手多數是因為投資市場的暴富效應而進入市場的。他們對市場交易往往一知半解，盲目片面。表現在實際操作中，經常是衝動性地追漲殺跌、頻繁交易、感覺交易等。從短期來說，因為市場價格運動的偶然性，這樣交易也會有幾次成功，甚至階段性出現較大的盈利。此時，新手會充滿自信，覺得做

好交易並非難事，對未來成功有一種錯誤的幻覺。但是，隨著時間推移，虧損必然出現，新手總體交易結果不好是在預期之中的。交易結果不好會使得心態迅速轉變，進入又急又怕，既貪婪又恐慌的狀態，從而引發一系列糟糕的非理性操作行為，導致更加不好的交易結果，惡性循環。

處於這個階段的人，你說有一個好主意讓他能有一個良好的交易心態，是完全不現實的。如果要給他出個理智並且有價值的建議，就是放棄期貨！但我對此極有經驗，可以很權威地告訴你，你和他說這個，絕對是對牛彈琴，沒有任何用處。有時我總在想，對牛彈琴到底是誰的錯？肯定不是牛的錯，錯的一定是彈琴的那個人。

按照期貨市場歷史資料統計，用不了多久，大多數市場新手就會被淘汰出局。沒有人能幫上他們，改變大多數市場新手的命運。

大浪淘沙以後，總有一些投資者會留下來，不管是偶然還是必然，進入了我所說的投資心態的第二階段。

因為積累了一定的經驗，這個階段的投資者對交易的基本理念、策略有了一定瞭解，當然這些瞭解肯定是不完整的。這時候，投資者可能知道要順勢而為，但是不知道應該怎麼判斷趨勢，到底怎樣算是順勢；知道要止損，但是不知道依據什麼設止損，止損幅度大小等等。處在這個階段的投資者，交易結果不穩定。階段性可能有很好的盈利，心態很好；階段性交易做得不好，甚至出現大的風險，心態會很不好。總體特徵就是心態上起伏搖擺，一會兒樂觀，一會兒悲觀，不可能有穩定持續的良好心態。

　　僥倖地從第二階段進入第三階段的投資者，伴隨著市場經驗的豐富，對市場交易逐漸開始形成比較良好有效的投資策略，也有了相對穩定的盈利能力，這時候投資者的心態會逐漸開始往好的方面發展。投資者到了這個階段以後，也可分為三個不同的演化過程。

　　第一個過程，從理智的角度，知道體系有一定的優勢和勝算，但在實際操作中，面對市場的起伏不定，會懷疑、取捨交易信號，行為搖擺，導致交易結果很不確定。經常出現這樣的情況，當他不相信體系時，體系效果非常好；當他相信時，體系效果恰恰不好。所以這個階段，投資者的心態具有很大的不穩定性，在信任和懷疑體系中來回徘徊，也不太可能建立良好的投資心態。

　　第二個過程，投資者已經基本相信體系，知道自己的體系在市場中經得起考驗，一般能夠持之以恆、一以貫之地按交易信號去操作，但當市場偶爾出現極端狀況時，他的內心會出現大的波動，也會對自己的交易體系產生懷疑和動搖，甚至不按照交易體系操作。由此必然會引起尷尬，當他因為懷疑體系而與巨額利潤擦肩而過的時候，會產生巨大的自責和遺憾感。但是，這種自責和遺憾感是正面的情緒和心態，會讓他更加信任體系。這個階段的投資者心態有偶爾的起伏，慢慢就會穩定下來。

　　第三個過程，投資者能夠穩定、一以貫之地按照體系操作，他知道，他的操作業績不是由他本身的行為決定的，很大程度上由體系的好壞決定。掙該掙的錢，虧該虧的錢。如果體系本身從長期看有優勢、有勝算，如果他一以貫之地堅持，從長期看，必然帶來好

的投資業績。這時，投資者的心態會越來越平和、越來越好。表現在交易行為上，投資者會規規矩矩按照體系交易，但內心深處，他的行為是自覺自願的、純粹的，到了這個階段，投資者才可能有比較良好的心態。

所以，根據我的理解，總體而言，投資心態的培養沒有捷徑可走。投資者要麼被市場淘汰，要麼隨著市場理解的深入，交易業績的變化，投資心態會循序漸進地進入到一個佳境。

「人間正道是滄桑」，一言以蔽之，只有經過一次又一次痛苦的磨煉，最終能夠形成一套完整的投資體系的投資者，才可能有穩定良好的投資心態。「我命我造」，投資者只有依靠自己，才能完成精神昇華的心路歷程。

_17_ 有人說，期貨交易的技術和知識，學一兩年時間就夠，但是，投機者要培養一個穩定、良好的心態，即使花上十年工夫，也不算多。能不能對此談談自己的體會？

我很認同這個觀點，前面也從投資者對市場交易認識深淺的角度談了這個過程中人的心理、心態特徵。

期貨交易是一個壓力巨大的遊戲，一念之差就會涉及巨大的輸贏。關於自我控制和心態方面，我在訓練公司交易員的過程中對此深有體會。無論我如何提醒、暗示、引導，包括讓他們眼光要看遠一些，格局要大一些，只要按照體系信號操作，不要在乎盈虧，只要操作動作合理就行，虧損時不要著急，慢慢來等等，可謂苦口婆

心，用心良苦。但是，實際效果卻不盡人意。後來意識到，在交易員內心世界成熟這件事上，我不可能越俎代庖，需要他們自己，也只能依靠他們自己，在一次次的交易中去感受、體會、磨煉，一步一個腳印，才能成長昇華。

我在網上看到一篇文章，引用了《莊子》中呆若木雞的故事，講到鬥雞訓練的三個境界，對我理解交易員的成長非常有啟發：

春秋時期，民間流傳著一種鬥雞的娛樂活動，有位紀先生是訓練鬥雞的行家。

有一回，他為齊王訓練鬥雞，訓練了十天以後，齊王便問他：「鬥雞訓練得怎麼樣了？」紀先生說：「雞的性情驕矜，高昂著頭，瞧不起別人，這還是不行啊！」

又過了十天，齊王又來問：「這回鬥雞該訓練好了吧？」紀先生回答說：「不行啊，別的雞走動或叫喚，它還受到影響，這樣不算成功。」

已經過了一個月了，齊王很著急，可是紀先生還說不行，他說：「它的意氣過於強盛，心神過於激動，眼睛看東西太急切，還要訓練一些日子。」

紀先生一直把鬥雞訓練了四十天，這才告訴齊王說：「鬥雞訓練成功了，它既不驕矜，心神有安定，雖然別的雞叫喚，它也不害怕，看上去它好像一隻木頭做的雞，不驚不動，別人的雞看到它都嚇跑了，誰也不敢同它鬥，這只雞是天下無敵啊！」

齊王聽了紀先生的話，非常高興。

投資者要想做到心平氣和，以靜制動，心不浮、氣不躁，需要時間、需要歷練。

不管交易體系多麼完善，多麼有優勢、有勝算，都不可能完全消滅交易員面對市場時產生的生理、情緒反應，包括急躁、焦慮、衝動、害怕、懷疑、貪婪、自負等等。

巴菲特說：「無論你多有天分，也無論你多麼努力，有些事情就是需要時間。讓九個女人同時懷孕，小孩也不可能在一個月內出生。」

只有時間，才能幫助投資者認識市場運動的複雜性；只有時間，才能幫助投資者累積成功交易所需要的知識、經驗和教訓；也只有時間，才能使投資者的內心世界從貪婪到平淡、從狂傲到謙卑、從感性到理性。

有一次一個國外記者採訪李連傑，問他什麼是中國功夫？李連傑的回答只有兩個字：「時間」。功夫就是時間，這個答案令人深思，也非常有道理。

18 金融市場是一個充滿誘惑的領域，投資者在進入市場以前應該有一種什麼樣的心態？

金融市場確實是一個充滿誘惑力的地方，每天都有數不勝數的機會。而機會和陷阱始終是一對孿生兄弟。很多市場參與者長線做，短線也做，順勢做，逆勢也做，每天在市場中忙進忙出，無意中想要包打天下，抓住所有市場波動的利潤，結果卻往往是水中撈月，滿懷希望而去，充滿絕望而歸。我們必須勒住自我欲望的韁

繩，捨棄十八般武藝樣樣精通，企圖打敗市場的非份之想，永遠只追求屬於自己的利潤。

　　一個成熟的交易員往往能夠從表面上看來不確定、隨機的市場波動中找到某種相對確定、可以把握的機會。知道什麼時候交易對自己最有利，什麼時候應該退避三舍，靜觀其變等等。

　　成功的交易並沒有固定的標準答案。但是，為了在兇險的交易世界裡不被消滅，每一個市場參與者必須找到適合自己的生存方式。「觸目橫斜千萬朵，賞心只有兩三枝」。只有確定了一套相對穩定的，有優勢、有勝算的交易模式，投機者才能明確知道自己在市場中關注什麼，尋找什麼，哪些變化是非常重要的，哪些變化對自己是沒有意義的，以及什麼時候應該採取行動等等。

　　滔滔江水，只取一瓢飲。面對這個風險與機遇並存的市場，這是我們每一個人應該保持的心態。

19 在期貨交易中，有人談到操作時要「穩、準、狠」，你怎麼理解這三個字的？

　　投資市場是一張可以自由創作的白紙，投資者願意畫什麼就畫什麼。只不過你需要孤獨、真實地面對自我的內心世界，需要對任何可能的結果負責。

　　市場中的交易者，各有各的想法，如同人臉，千人千面。不同的個性、不同的風險偏好、不同的思維方式決定了投資者對待交易的態度差異巨大。有人淡定從容，志在長遠，面對市場機會，喜歡

投石問路，摸著石頭過河，不急不慌地交易。有人性格急躁，但膽識過人，想畢其功於一役，往往採取重倉操作的策略。

不同的投資目的，不同的交易態度，在面臨機會時的心理和操作手法差異巨大。日本文化追求「劍禪合一」的境界，對於投資市場而言，我解釋為任何高超的交易技術背後都必須具備高度統一的精神支持，才能發揮巨大的威力。

投資市場「穩、準、狠」的交易風格，可能是受到《孫子兵法》中的「其疾如風，其徐如林，侵掠如火，不動如山」思想的啟發。期貨投機是一場殘酷的博弈遊戲，和戰爭的思想確實有相通之處。

所謂准，我的理解是，面對市場的不確定性和偶然性，沒有任何投資者、任何交易系統可以做得到百戰百勝，這種想法是不切實際的，是投資認識的一個誤區。

根據自己的個性特徵和操作風格，我把「穩、準、狠」三個字改為另外三個字：「穩、準、快」。

所謂穩，指的是投資者在沒有機會時有足夠的耐心，不亂做，這是對待交易機會的態度；所謂狠，指的是當市場出現符合投資者標準的機會時，要敢於重倉出擊，追求暴利；所謂快，指的是真正好的機會往往轉瞬即逝，需要交易員反應敏捷，行動迅速果斷，此時任何猶豫不決，患得患失，無異於葉公好龍，必將貽誤戰機！

_20_ 在金融投資行業，你認為一個投資者應該具備的最優秀品質是什麼？

　　我們做任何事情，包括投資，要想達到完美的境界，急功近利的心態往往事與願違。「刻意為之，勢必反之；自然為之，有心而為之。」這裡的意思是，世間中的好多事，並不是我們努力了就會有好結果，只要是問心無愧，在合適的時間和地點就可能會出現奇蹟，看似巧合，其實有很大的必然性。

　　70 歲的早乙女哲哉被稱為日本的「天婦羅之神」，顧客想要到他的「是山居」吃頓飯，要提前兩三個月預約。他做料理的時間精准到秒，「多一秒鐘，這種味道就會消失」。

　　15 歲時，他無意中選擇做一個天婦羅師傅。但是，在學習過程中他找到了真正的理想，要當一名獨當一面的天婦羅師傅，應該像藝術家一樣去炸天婦羅。

　　剛開始，因為個性太害羞，只要對上顧客的視線，或者顧客說點什麼，他心裡一慌，鍋裡的天婦羅就完蛋了。後來，當他試著把所有的注意力都集中到怎麼做好天婦羅本身時，他突然發現，「畏懼的感覺」並不是一件壞事。因為害怕失敗，他才能注意到別人注意不到的地方。

　　盯著自己應該做的事情，專注執著，追求自然而然的境界，是一個人做好任何事情應該具備的優良品質，在期貨行業更是如此。

Chapter 05

投資思路與策略

投資思路是你對投資的完整系統觀，是對投資各個環節思考後的智慧結晶。只有通過反復練習和自身無數次的實踐才能把投資思路內化於心，外化於行，最終形成自己的投資風格。

投資不是一件簡單的事情，但它是一件單純的事情，投資者能夠達到相對純粹的境界，是真正的「大智若愚」。

第一節

投資不但需要上山，
更需要下山

下山，
就是在你一筆一筆的真實交易中，
積累獨特的體會、感受，
把這種思路用到每一次實際操作中，
反復犯錯、反復自我糾正，
最終形成一致性的投資風格。

_01_ 為什麼這麼多年，在北大、清華、浙大或者別的地方講課，你
經常用同一個題目－－「期貨交易的基本思路」？

在我看來，思路問題非常重要。所謂思路，就是做任何事情首
先都要進行系統性思考，理清條理脈絡，捨棄枝節，立足總體，這
樣才能形成完整的系統觀和方法論。

治國有治國的思路，打仗有打仗的思路，清晰的思路是做好任
何事情的內在邏輯基礎。在逆境和困境中，有思路就有出路；在順
境和坦途中，有思路才有更大的發展。

《棋經十三篇》中有如下文字，在我看來，就是下圍棋的思
路：

博弈之道，貴乎謹嚴。高者在腹，下者在邊，中者占角，此棋
家之常然，法曰：「寧輸數子，勿失一先。」有先而後，有後而
先，擊左則視右，攻後則瞻前。兩生勿斷，皆活勿連。闊不可太
疏，密不可太促。與其戀子以求生，不若棄之而取勢。

與其無勢而強行，不若因之而自補。彼眾我寡，先謀其生；我
眾彼寡，務張其勢。善勝敵者不爭，善陣者不戰，善戰者不敗，
善敗者不亂。夫棋始以正合，終以奇勝。必也四顧其地牢不可破，
方可出人不意，掩人不備。凡敵無事而自補者，有侵絕之意也；棄
小而不救者，有圖大之心也。隨手而下者，無謀之人也。不思而應
者，取敗之道也。

「隨手而下者，無謀之人也。不思而應者，取敗之道也」，指
的就是沒有思路的人。

所以，我認為交易的基本思路非常重要。如果我們談論交易只是從經驗、案例的總結入手，僅僅討論市場行情下一步會怎麼樣，沒有從理論上將交易的基本思路講清楚，是沒有多少意義的，也不可能做好期貨交易。

02 你的理解，交易的基本思路是什麼？

我認為完整的交易思路包括多個環節，從交易目標到投資哲學、投資理論、交易策略和方法、風險管理、交易心理心態等，對這些要素有清晰的認識和思考以後，才能構築成一個完整的交易思路。市場中優秀投資者都有自己的交易思路。

有人說，交易之道由心開始，次正理念，再次策略，最後技術。世人反其道而行之，故事倍而功半，期貨交易首正其心。

丁聖元先生在談到投資交易時，用六個字言簡意賅地概括了一個投資者對待交易應該具備的理念和態度：「順應、心安、趨勢」。丁先生認為，所謂趨勢，指的是相信趨勢、理解趨勢、識別趨勢、追隨趨勢；所謂順應，不是預測、前瞻，而是打開身心，感受市場的脈動而及時行動；所謂心安，指的是：

①投資前首先確保自己的財務安全；

②少我—平靜；無主觀臆測的強烈觀點；

③行為盡可能有客觀的依據。

在我看來，這些簡潔明瞭的思想，為投資者把握市場交易的關鍵指明瞭方向，提供了重要的思路。

03 市場中沒有明確思路的交易者會怎麼操作呢？

在期貨交易中，大多數市場參與者的思維和動作往往是矛盾和混亂，對於同一個品種，投機者一會兒看多買進，一會兒看空賣出，缺乏明確一致標準和依據。從一個旁觀者的立場，你很難判斷某個人下一次會做出什麼樣交易。賺得稀裡糊塗，虧得莫名其妙。

顯然這種混亂無序、漫無章法的操作手法，註定了任何一次交易結果的好壞必然被運氣所支配，具有很大的偶然性。從長遠看，一時一地的勝利是沒有多大意義的，缺乏明確交易思路的投資者，失敗在所難免。

在我公司開業典禮上，著名投資人林廣茂先生講到：「無根浮盈空歡喜，未悟真經套中人」。所謂的「無根」，在我看來，就是沒有明確的交易思路，沒有內在的投資思想和投資邏輯的一致性。

04 能不能概括說說，投資人該從哪些角度、路徑，去思考、形成自己的交易思路？

迷宮大家都知道。如果你走進迷宮，在二維的世界裡，想要找到出口是一件非常困難的事情。假如有一個人從高處給你指點一下，也就是從二維上升到三維，你很快就能找到走出迷宮的路徑。

交易也像走迷宮。對於交易者來說，有無數的問題攔在你面前：

我為什麼要做期貨？期望在期貨市場得到什麼？

我的個性是否適合交易？

投資是一門科學還是藝術，或者哲學？

市場價格運動有規律嗎？基本分析有用嗎？

技術指標的創造者自我否定，這些工具還值得信賴嗎？

周易八卦、江恩等神秘理論能夠準確預測市場嗎？

市場預測和風險管理、心態誰重要？

短線交易、程式交易、長線趨勢交易哪個好？

什麼樣的風控方式、止盈策略比較合理？

什麼是市場趨勢？如何判斷市場趨勢？

突發性事件來臨之際我們怎麼應對？

如何看待別人靚麗的交易業績？

如何選擇交易品種？長止損好還是短止損好？

止損以後發現錯了怎麼辦？再次進場嗎？

交易一個品種還是幾個品種好？

我以往是怎麼從市場裡賺到錢的？又是怎麼虧損的？

當我的市場觀點和高手的觀點不一樣怎麼辦？

短期遇到大幅虧損怎麼辦？

……

　　諸如此類的大問題，都是期貨迷宮中的一條條岔路。很多投資者殫精竭慮奮鬥很多年，最終依然不得其門而入。如果你不能通過一個更高的視角去觀察和看待，在交易中徒勞地掙扎，始終無法找到成功之路。

　　「通則不痛，痛則不通」。交易思路就是你對交易的完整系統觀，是對整個交易環節完整思考後的智慧結晶。

<u>05</u>　在北大金融期貨衍生品班成立十周年大會上，你對林廣茂先生
　　的棉花戰役有過十六字總結，能對此做個解釋嗎？

2012 年，北京大學舉辦了一個「十年一夢」金融期貨論壇，國
內投資界的很多高手和期貨班的學員都參加了這次盛會。這次活動
中，大家對林廣茂先生的棉花操作非常感興趣，希望他把自己棉花
操作的細節做個介紹和複盤。林總很有耐心，非常詳細地講述了他
的整個投資過程。論壇的最後，有學員希望我對林總的棉花操作做
個點評，當時我也沒有思想準備，靈機一動就用了十六個字總結了
一下：目標明確、思路清晰、意志堅定、市場配合。

後來想想，這個概括還是很有些道理的，好像做其他事情也是這
樣。很多年以後，還有人記得這十六個字的點評，讓我有點驚訝。

目標明確，指的是投資者在重大機會來臨時應該追求暴利，而
不是蠅頭小利。這種機會可遇而不可求，抓住了，你的投資人生就
會上一個臺階，抓不住，你的投資人生就會在原地徘徊。

當然，暴利操作的目標是把雙刃劍，一旦判斷失誤或者市場短
期回撤過大，都可能讓投資者浮動盈利得而復失甚至血本無歸。對
林總來說，以往的投資歷史中應該也出現過這種情況，但是他能一
直保持這樣的操作風格，是非常不容易的。所以，他在棉花期貨上
能取得這麼大的成就並不偶然。

思路清晰，講的是投資者在追求暴利目標時，一旦重大機會來
臨，應該堅定地持倉不動甚至浮盈加倉。這種操作策略需要膽識，
既想要盈利幅度大還要盈利倉位元重。當然，林總藝高人膽大，不

但有十多年的棉花市場操作經驗，對棉花行情背後的基本面因素有很深刻的瞭解，還從技術上對市場趨勢的延續性和巨大空間有強大的想像力和信心。正是因為他的基本面、技術面、操作思路都非常清晰，才一戰成名，可能在中外金融投資的歷史上是空前絕後的。

意志堅定這一點，我對林總是非常敬佩的。人到中年，經歷過無數的驚濤駭浪和世態炎涼，很少有再讓我驚詫感慨的事情！但是，有一次林總和我交流中說到的一句話，讓我極為震撼。在我看來，這不是一個投資家說出來的話，即使再有想像力的詩人也未必能說出來。「如果你天天坐過山車，時間長了，就能在過山車上睡著了」。當林總說出這句話時，我不知道這是什麼境界，世界上有多少人能達到這種境界。林總在這次棉花操作中，對行情的起點和終點都有精准的判斷。但是，市場總是不確定的，在這個過程中，他不可能不經受市場的考驗。

在這波棉花上漲行情中，市場也出現過 1500 點左右的回撤，林總帳戶的權益肯定會有巨額的波動。我想，沒有幾個人能在這種情況下頂得住壓力和考驗！

市場配合，也就是時勢造英雄。林總能取得這麼大的成就，當然得益於他十多年的投資人生閱歷，但同時也和棉花市場百年不遇的行情有重大關係。這一波棉花上漲的走勢是相對銳利和單純的，客觀上配合了林總的投資策略。如果換成同期大幅上漲的橡膠，走勢曲折，中間回撤巨大，這種操作策略完全達不到棉花操作的效果，甚至有可能會敗走麥城。

06 有完整系統思路，投資者的投資人生是不是解決了根本問題？

不是。思路只是一種思想路徑，還只是從宏觀、抽象層面對交易各個環節的概括，只是你對交易的一種相對系統、完整的觀點和看法。對于一個投資者而言，你可以根據自己的投資經驗和歷史教訓琢磨自己的投資思路，也可以在別人打完前一場戰爭以後，按照別人的思維方式、行為模式形成一套自己的市場交易套路和理論。

但是，在我看來，投資思路的完成只是上山，投資不但需要上山，更需要下山。所謂下山，就是在你一筆一筆的真實交易中，慢慢地積累自己獨特的體會、感受，把這種思路用到每一次實際操作中，反復犯錯、反復自我糾正，只有通過反復練習和自身無數次的實踐才能把交易思路內化於心，外化於行，最終形成自己一致性的投資風格。

07 那麼什麼是投資風格呢？

吳冠中先生說過，「風格就是你的背影」。

交易風格就是指交易員在長期的交易經歷中，根據自己的個性、知識結構、生活經歷與交易經驗逐漸形成的相對穩定的交易思維、行為、心理特徵。

一個交易經驗豐富、市場理解深刻的投資者，在經歷了長期的摸索和嘗試以後，往往能夠建立起自己的交易模式、套路，具有明確的交易思路和交易風格。

越是成熟的交易員，個人交易風格越鮮明，思維和行為方式具

有邏輯性和前後一致性。市場價格的未來變化有不確定的一面，具有明確的交易思路、交易風格的人的操作行為相對穩定，面對各種行情，他可能採取什麼行動，怎樣操作，一定程度上是可以預測的。從長期來看，因為交易思路和風格有優勢和勝算，總的交易結果的贏利帶有一定程度的必然性，這一點我們可以事先確定。

第 二 節

期貨交易要老老實實，
規規矩矩

期貨包容各種各樣的投資方法，
甚至可以創造人間奇蹟，
但一味地追求高回報，
違反基本的投資成功規律，
終究是走不遠的。

<u>08</u> 市場中有什麼投資風格類型，你認為它們之間有高下之分嗎？

市場中有各種各樣的投資者，他們的個性、心理、閱歷、對市場的理解差異很大，因而會有各種各樣的投資思路和投資風格，有激進型的、穩健型的、保守型的，還有劍走偏鋒型的。

從長期來看，期貨市場的投機成功有它的規律，需要遵守一系列的原則，包括順勢而為、合理的盈虧比、有優勢有勝算的模式等。任何投資風格的形成，都不能和這些成功的基本原則背道而馳，否則就沒有生命力，即便短暫成功也難以持久，也就不可能形成什麼交易風格。

從投機的角度看，我覺得有兩種風格是成功交易員中比較常見的：一是順勢、輕倉、止損、長線；二是順勢、重倉、相對短的止損、中短線。在市場中，這兩種風格各自都有極為成功的例子。

世界之大無奇不有，尤其是期貨市場，有些人不按規矩出牌，甚至明顯逆勢而為，一定時間內也可能有令人驚訝的收益率。這種短暫的成功會讓很多投資者困惑，因為看不清投資成敗背後的深層次問題，導致在投資之路上誤入歧途，稀裡糊塗中陷入投資失敗的迷宮。

我參加過多個期貨實盤大賽的頒獎活動，因為主辦方希望頒獎結束後我對各個獲獎選手的交易特點做一個總評，我會要求舉辦方提供這些選手的原始交易資料和資金曲線圖，因為對我而言，只有看到一個交易選手每筆交易的成交細節，通過研究他們的交易記錄過程，才能比較完整地看出他們的交易特徵。

有一次，有個交易選手的事情給我留下了深刻的印象，他連續

兩年獲得了前三名，而且屬於重量級選手，交易資金規模很大。第一次的收益率是 *350%* 多，第二次的收益率是 *400%* 多。因為是連續兩次獲獎，我對這個選手的交易特徵非常感興趣，就詳細查看了他每一筆進出場的原始操作記錄，讓我大吃一驚的是，這些收益都來自幾次重倉逆勢交易，進場時機之巧合，進場價格之準確，平倉位置之完美，讓我目瞪口呆。投資市場竟然有這樣的交易員，這樣的交易風格，而且連續兩年獲得暴利！

從事期貨交易這麼多年，我完全無法對他的交易做出合理的解釋和點評。如果以短期成敗論英雄，他無疑是成功的，但是，從長期角度而言，我隱隱約約為他未來的命運擔憂。

後來發生的一切，證明我的擔憂是有道理的。期貨實盤大賽獲獎以後，他和幾個投資者合夥成立了一家公司，從事資產管理業務。由於逆勢重倉，他所管理的那部分資金，一天之內竟然發生了 *50%* 的虧損。

期貨市場是一個巨大的舞臺，可以包容各種各樣的投資方法，可以創造人間奇蹟，但是，一味地追求高回報，違反基本的投資成功規律，終究是走不遠的。那一次大賽的點評，我用的題目是：期貨交易要老老實實，規規矩矩。

09 請介紹自己的交易風格，有什麼特點？

我的交易風格和我的個性有很大的關係，不管是在投資生涯的早期，還是現在，都是相對激進的。在我交易風格的形成中，我的

投資哲學、理論、策略、信仰等起了決定性作用。我追求的是在市場特殊情況下稀缺性的重大趨勢交易機會。按照我的趨勢結構理論來解釋，實際上是順勢結構外的交易機會。

有人曾經希望我把自己的交易風格和趨勢跟蹤做一下比較，我很認同趨勢跟蹤的操作方法，但是，為什麼我沒有選擇趨勢跟蹤？因為在我看來，趨勢發展並不是一個簡單的直線運動，過程中有酣暢淋漓的行情，也有漫長震盪盤整的行情。因為個性的原因，我總是在追求完美，所以實際操作中，我並不完全認同趨勢跟蹤理論那種機械地跟隨趨勢，不做任何主觀取捨的策略。我希望甘蔗只吃最甜的一段，行情只去把握市場中最淋漓的一段。我也不知道這樣的選擇是否理性，但是，這就是我的交易。

10 一個人的交易思路和交易風格最終肯定會在市場操作中體現出來，這是不是屬於交易策略的範疇？

是。交易策略是交易思路、交易風格和市場之間連接的橋樑，多好的交易思路和想法也要通過具體的進場策略、加碼策略、止損策略、持倉策略、平倉策略等很多環節來實現。關於交易策略，因為市場中存在著不同投資目的的投資者，思路不同，操作策略也千差萬別，每一個投資者都應該根據自己的心理、思維、行為習慣和風險偏好，找到適合自己的交易策略。

11 為什麼用試探加碼的交易策略？

　　我剛開始做交易時，也不知道什麼試探加碼策略。當我看到機會時，要麼不做，要麼重倉出擊，基本屬於孤注一擲式的賭徒。結果無非兩種情況：要麼大賺一筆，要麼輸得一塌糊塗。現在用這個策略，主要是受到傑西‧李佛摩的影響。

　　這個策略說起來很簡單，就是當市場出現交易信號時，我先試試手，感覺一下市場走勢。如果走勢和我的預期一致，市場出現淩厲的漲跌，我會快速增加倉位，有時候很容易獲得暴利。

　　如果走勢不合我意，我就拿著這部分倉位元繼續觀察，因為倉位小，風險小，壓力就小，我可以比較從容地等待市場的演化，實在不行就砍了，損失也不會太大。如果市場只是一個小調整，隨後峰迴路轉，我會在解套後加大倉位，因為市場走勢符合我預期的可能性大大增加。當然，真實操作中的情況比這裡說的要複雜很多。

　　試探的過程既是一個情緒醞釀的過程，也是一個等待市場印證的過程。通過體驗市場的正回饋或者負反饋，對我評估市場走勢的真實意圖，識別交易機會的真假很有幫助。

　　使用試探加碼策略的目的很簡單，就是想在判斷失誤，交易虧損的時候倉位小，判斷正確，交易盈利的時候倉位元大，在風險可控的情況下，把握市場重大波動的利潤，獲取高回報。

12 請介紹你的加碼方式。

　　我在盈利倉位元上加碼主要採用兩種方式：正金字塔加碼和倒金字塔加碼。顧名思義，正金字塔是開始頭寸大，後來加碼的頭寸

越來越小，倒金字塔則反之。

就我的模型工具而言，市場機會的確定性高低、潛力大小是有差異的。大多數時候我使用正金字塔加碼，當市場走勢確定性很高，甚至出現漲跌停板時，偶爾我會運用倒金字塔加碼法。

_13_　市場上有高頻交易者，也有人只偶爾參與，其中都不乏成功案例，怎麼看待這個問題的？

在投機市場，我屬於比較傳統的那一派，繼承的是傑西・李佛摩和史坦利・克羅的交易理念，反對日內頻繁交易。我在網上看過一家期貨公司的一個統計報告，不知道是否真實，但信息量很大，極有意思，也許對你會有幫助：

「有家期貨公司的風控總監，做了一個關於虧損來源的報告，其中最精彩的就是對客戶交易資料的分析（資料週期是最近 3 年）：

（1）贏利的客戶中，82.5% 來自 5 單的利潤。

（2）每天平均交易 10 次以上的客戶，3 年平均收益率是 -79.2%。每天平均交易 5 次以上的客戶，3 年平均收益率是 -55%。每天平均交易 1 次以上的客戶，3 年平均收益率是 -31.5%。每天平均交易 0.3 次以上的客戶，3 年平均收益率是 12%。每天平均交易 0.1 次以上的客戶，3 年平均收益率是 59%。

（3）所有的止損單如果不平，98.8% 的概率在未來兩周內扭虧為盈。

（4）所有的止贏單如果不平，*91.3%* 的概率在未來兩周內實現更大的利潤。

這個報告我很認同，頻繁的交易基本判了你死刑：不要盼望你能在高拋低吸的短線交易中獲勝。」

---

14 **我在交易中經常遇到－－進場位置很好，很快就有盈利，最後出場總有問題；有時候平倉早了，有時候又平倉晚了……有沒有好的辦法解決盈利平倉問題？**

你這個問題本身隱含著一種我認為不正確的想法，希望我能告訴你如何準確判斷市場價格高低點。我可以明確地告訴你，不但是我，任何人都不可能知道市場價格運動的高低點在哪裡。

在我看來，平倉策略取決於你是個什麼樣的交易者，也就是取決於你的交易風格。

如果你是個短線交易者，就應該用短線平倉策略，如果你是個長線趨勢交易者，就應該用長線趨勢的平倉策略，也就是等到市場趨勢反轉了，你再出場。一致性地按照你的交易規則操作，只賺屬於你自己的那部分利潤。

---

15 **在期貨交易中，有的人止損幅度極大，有的人止損幅度很小，有的人甚至認為不用止損，聲稱止損是交易失敗的根源。你覺得止損應該怎麼確定比較合理？**

這個問題不能一概而論，不同的交易風格，不同的市場狀態，

止損的設置策略差異很大。

我有一個學生曾經做過一個統計，同樣一套交易系統，單次止損幅度設置得過小，長期看資金曲線一直處於緩慢下降狀態；單次止損幅度設置得大一些，長期來看交易是盈利的，資金曲線一直在上升。這種現象與我們的常識似乎相悖，風險管理做得好，採取謹慎的方法，交易結果反而糟糕。大一點合理的止損幅度，看起來單次交易冒的風險大，長期看交易結果反而更好。所以，止損設置是交易中很困難、很主觀的一門藝術。

按照我個人的交易風格，大多數時候我主張寬止損，只有在一種特殊的市場狀態下，也就是市場突破的臨界狀態，未來走勢非此即彼，這時候可以加大倉位元，止損幅度可以比正常狀態小很多。

16 假如交易員階段性做得不好，造成了比較大的資金回撤，你覺得這種狀況下什麼樣的交易策略比較明智？

我相信所有交易員都面臨過這個困惑。風險管理和進攻之間天然存在矛盾，一味強調進攻，可能造成風險失控；過於強調風險管理，又會限制盈利。

有一次，我很敬佩的投資家—雲南的紀翔先生帶領團隊來我公司指導交流，我的學生曾經向他們提出過這個問題，紀總的一個交易員是這樣回答的：

「遇到狀態不好，連續虧錢時，就每天減量，降低風險度，甚至休息放鬆幾天。然後再慢慢開始做單，當資金一段時間累計盈利，有

一定程度的安全墊了，就可以適當放大風險度，去搏更大的利潤。」

我認為他們採取的策略值得借鑒，好的風險管理可以適當減少對你交易優勢的衝擊。

17 請介紹關於風險控制，你的具體經驗和方法？

《幽靈的禮物》規則一說：在市場證明我們的交易是正確的以前，已建立的倉位必須不斷地減少和清除。即正確的持倉方法是，當倉位被證明是正確的時候你才持有。

我在多年的操盤生涯中也形成了一個自己的交易習慣：每天收盤以前，仔細審查一遍自己保留的倉位。凡是感覺可疑的、有問題的單子，一律清除。而只持有自己認為有前途、有信心，而且最好是有浮動贏利的交易。

觸發我制定這條交易規則的直接原因有幾個：

（1）我的經驗表明，因為期貨投機的高風險，勉勉強強、可做可不做的交易，還是不要去做為妙。

（2）投機者應該把自己的精力集中在一些符合自己的思維框架、個性習慣，非常有把握的市場機會上。沒有必要在一些令人傷神的虧損交易上冥思苦想，希望轉危為安。一刀砍了它，也許你就立地成佛了。

「如果你還在照顧損失的傷口，忙著『救火』，勢必無暇尋找其他的機會，最後的結果可能是更大的損失。認賠相當於拋棄痛苦，讓情緒平靜下來，提高控制能力，使你得以繼續交易。」

<u>18</u> 你的第一本著作有一章的題目是「與天為敵一重倉交易的危害」，現在怎麼看待這個觀點？

確實，我在那本書中對重倉交易持相對比較負面的觀點：

「期貨交易的高槓桿是一把鋒利的雙刃劍。玩得好，可以淋漓盡致地展現期貨市場最具魔力、最神奇的一面，很短時間獲得驚人的回報。這裡的短時間也許只有一兩周，也許只有幾個月，驚人的回報指的是相對於投機本金幾倍、幾十倍的暴利。

但是，過度地運用槓桿原理，在期貨交易中重倉交易，希望一夜暴富，投機者往往又是在自找麻煩，甚至是自掘墳墓。」

現在回想起來，當時之所以有這個觀點，這麼思考問題，大概是盲目的重倉交易對自己有過極大的傷害，內心有巨大的陰影，希望通過降低交易槓桿，避免交易過程中的非理性行為，能夠更加理智地操作，讓自己在投資交易中減少一些壓力和痛苦。

對這個問題，我後來觀點有明顯的變化。

原因也不複雜，一是隨著交易理解的深入，知道了期貨賺錢不能靠抓住很多機會，採取「攢雞毛湊撣子」策略，積少成多，同時做很多個交易品種是有問題的。為什麼不把精力、倉位集中在一兩個把握更大的機會上，重倉出擊呢？從掙錢的角度來說，後者反而更容易取得成功。二是隨著交易經驗的積累，交易技術的提高，對什麼時候不能重倉，什麼情況下重倉交易風險可控，危險不大，理解上有了進步，操作技術上也有了一定的保障，不太容易重演早期重倉交易的悲劇。

把雞蛋放在一個籃子還是分散放在不同的籃子，見仁見智，或許各有利弊。一切都要投資者自我選擇，適合自己的可能就是最好的。我現在比較認同巴菲特和他的搭檔查理‧芒格的投資理念：

「這些年來，伯克希爾就是通過把賭注押在有把握的事情上而賺錢的。我們的投資策略是集中持股，我們試著儘量不要這也買一點，那也買一點，因為那樣會使得我們對於被投資的產業漠不關心，當我們覺得價格合理，我們就會一口氣大量地買進。」

「著名經濟學家凱恩斯，他的投資績效跟他的理論思想一樣傑出，他曾經寫了一封信給生意夥伴Scott。上面寫到，隨著時光的流逝，我越來越相信正確的投資方式是將大部分的資金投入在自己認為瞭解且相信的事業之上，而不是將資金分散到自己不懂且沒有特別信心的一大堆公司，每個人的知識與經驗一定有其限度，就我本身而言，我很難同時有兩三家以上的公司可以讓我感到完全的放心。」

「我們並不認為分散程度很高的投資能夠產生好結果。我們認為幾乎所有好投資的分散程度都是相對較低的。」

19 你提出「幅度取勝」和「倉位元取勝」這兩種策略，能夠具體解釋一下嗎？

投機者要在市場交易中取得成功，一個基本原則必須遵守，那就是虧的時候儘量少虧一些，賺的時候力求多賺一些，在成功率難以大幅提高的情況下，追求較好的盈虧比是取得良好業績的保證。

巴菲特說：「如果你把我們 15 個最好的決策剔除，我們的業

績將會非常平庸。你需要的不是大量的行動，而是極大的耐心。你必須堅持原則，等到機會來臨，你就用力去抓住它們。」

我提出的幅度取勝和倉位元取勝策略，無非是想給大家提供一個方案，如何在交易中做到贏多虧少。

所謂的幅度取勝，就是指相對於你的止損幅度，你的盈利平倉目標大致應該在哪裡，事先根據合理的風險回報比例，有一個心理預期。這有兩方面的好處：一是應該放棄風報比不合理的機會；二是避免出現浮動利潤時患得患失，過早平倉。

所謂倉位取勝，道理也和上面類似。投資者應該採用這樣的操作策略：在判斷正確，盈利的時候你倉位很大，判斷失誤，虧損的時候你倉位較小。通過試探、加碼，投資者是可以做到這一點的。

我見過的一個很厲害的操盤手，在多次交易中同時兼顧了幅度和倉位元，確實讓我佩服。

_20_ **投資市場有各樣的投資思路，操作風格，交易策略，根據你的投資哲學，兼收並蓄最終的結局往往是畫虎不成反類犬，你能不能系統、邏輯一致地給我們介紹一種交易風格，對投資者在構建、形成適合自己的交易體系時有所啟發？**

投資是一個漫長的旅程。我尊敬每一個在市場中頑強拼殺、永不言敗的交易員，不管結果如何，我們不能膚淺地以短期成敗論英雄。下面這封信的背後故事可能大家都知道，拋開世俗對人評價的偏見，我個人非常認可這篇文字中透露出來的清晰投資思路，轉引

一下，希望對你的問題有所啟發。為了尊重個人隱私，我隱去了某些內容：

「各位尊敬的投資者：

××××系列基金今年以來表現得不盡人意以至清盤，讓各位投資者受到了巨大損失，我們感到萬分的歉意及穿心的難受，一夜之間××××投資也迎來一沉百踩處境，我們默默地接受各種批評和指責。成長於中國期貨市

場，一路風雨兼程，其實我們一直在這個市場如履薄冰，兢兢業業一步一步

才走到××××系列基金的成立。近幾天，關於××××清盤消息引發的各種傳聞不斷，讓各位投資者對 10 月 23 日的操作心存疑慮，××××在此正式向各位投資者說明有關情況。

一、××××的投資策略及風格說明1、多年來以主觀趨勢交易為主，趨勢行情中對單邊升市的順勢追漲

和單邊跌市的順勢殺跌是我們主要的盈利策略。

比如在操作 2006 年3月份的銅的上漲、2007 年 10 月份鋅的下跌、2008 年 7 月棕櫚油的下跌、2009 年 7 月份螺紋鋼的上漲、2010 年 8 月份棉花的上漲、2011 年 7 月份黃金的上漲、2012 年 5 月的PTA下跌、2013 年 10 月份甲醇的上漲等等，整個操作策略基本建立在追漲殺跌基礎之上，當中銅、鋅、棉花、甲醇等品種大幅度追漲殺跌是常態，也不乏漲停做多和跌停做空的激進操作。得益於此，我們在 2010 年以 689% 的年度收益率獲得「趨勢投資獎亞

軍」。

2、運用倉位較重也是我們的操作特點。

從我們 2010 年和 2013 年都取得超 6 倍收益就不難看出，我們的倉位運用風格明顯是偏重的，否則不可能取得如此之高的回報，這是所有金融投資者都明白的簡單道理。基於上述兩個操作特點，從 2006 年以來我們參加國內期貨實盤大賽均取得一定成績，從而得到投資者的認可，這就是成立××××基金的基礎。

3、這種操作策略的優缺點。

優點：當行情連貫時，取得大幅盈利是必然的。缺點：當行情不斷反復時，由於趨勢加倉策略，經常出現看對行情賺不到錢的現象。期貨投資止損位是一定要設立的，當我們在高位加倉做多出現大幅回檔或在低位加倉做空出現大幅反彈時，一旦觸及我們設定的止損位，平倉離場是必須的。所以多年來出現看對行情未能獲利甚至產生一定虧損也是常態。比如去年的私募冠軍產品「××××程式化」在 2012 年 8 月至 2013 年 3 月整整 7個月淨值都在 0.8 左右，並一度觸及 0.7，當中主要原因也並非看不准行情，而是加倉產生虧損所致。

二、××××系列產品操作策略的設立

××××基金成立以來，××××投資確立了操作策略的指導思想，由於多年來取得收益主要依賴於上述策略，雖然我們也豐富了其他策略作為輔助，但以上述策略為主導策略是明確的。就算在基金運作當中淨值一直處於 0.8-0.9 當中，由於這是操作策略的缺

點導致，所以我們認為是常態，當然期間受不夠瞭解我們操作風格的投資者衝擊是必然的。但我們認為不可能放棄讓××××投資賴以成名的策略不用，那才是我們立足的根本，所以公司當時就明確立場，堅定執行原有策略不變。

三、關於 10 月 23 日操作邏輯和有關操作情況1、基本面分析。

PVC的最大消費領域是型材、異型材和管材，主要用於建築領域，所以，未來國內房地產市場的發展態勢對PVC的需求起決定性的作用。我國生產PVC主要是電石法和乙烯法，其中主要為電石法生產，這個生產方式決定了煤炭、焦炭、電力等能源的價格波動將直接影響PVC的市場價格。 1 噸PVC用電力 7000 度，耗費煤炭 3 噸，能源成本占生產成本比重超過 50%。從世界範圍來講，PVC的生產仍以乙烯法為主，原油價格影響乙烯，伴隨著原油價格的回落，進口PVC價格會衝擊國內市場價格。PVC有明顯的季節性：每年1-3月份是我國春運繁忙時期，此時北方氣候寒冷，交通運輸不便，房地產的開工率明顯下滑，導致北方地區塑膠加工企業的開工率普遍較低，對PVC的需求也大幅減弱，打壓了PVC的價格。GDP的增速對PVC價格有重要影響，國內未來經濟走勢將直接影響PVC的價格。10 月中旬發佈的國內經濟資料以利空為主，CPI和PPI的增幅均低於預期，顯示出國內經濟熱度依然較低，結合工業增加值以及PMI等重要指標的表現，國內經濟可能已經再度進入回檔期。國外，中東產油國表示將維持高產量，國際原油收跌。

2、現貨市場狀況。

公司對現貨市場也作了摸查，通過對房地產商的瞭解，今年大型建築項目減少，建築工地開工不足，PVC出現旺季不旺的狀況。在建築商方面瞭解，今年PVC管的價格比往年價格回落比較明顯，採購量大幅減低，外市面上貨源增多，PVC管採購是隨用隨買，不願積貨，價格較為鬆動，讓利跡象明顯。

3、技術面分析。無論期貨市場還是現貨市場，其空頭走勢相當明顯，並不斷創出價格新低，屬於典型的空頭市場。綜合基本面、現貨市場及技術面分析，我們決策順勢而為做空PVC。

4、23號判斷它會暴跌的原因。

這半年來煤炭類的品種一直暴跌是有目共睹的，其中焦煤、焦炭、鐵礦石等跌幅更為厲害。其次，整個石化品種PTA、PP、塑膠近幾天也在暴跌，PVC這個品種前期沒有大幅下跌過，今年下跌幅度也是明顯小於上述品種，存在大幅補跌的可能，再加上 10 月 22 日晚上外盤原油暴跌 2.5%，我們更加堅定看空的觀點，而且主觀上判斷第二天會以跌停報收而開始大幅補跌，所以 23 日上午一開盤，化工類及煤炭類商品果然全部大幅低開低走，其中鐵礦石也接近跌停板，在市場氣氛影響下，我們馬上決策做空開PVC 1501 合約，並以市價報單，做空PVC。

5、淨值出現大幅波動原因。

由於當天行情出現明顯的多頭力量，在跌停板停留幾分鐘後開始大幅反彈，並觸及我們的止損位，所以決策平倉，但是由於多頭

不肯平倉，導致從止損位到最終平倉位產生明顯滑點，令當天淨值隨行情波動跌幅較大。

　　四、在本次操作中，我們沒有違反任何法律法規，並符合我們一貫操作風格，堅持沿用我們原有策略沒變，屬於正常交易行為其實當天大商所從開市前半小時已開始調查我們的操作是否違規，但當天收市後已和我公司直接通電話並口頭回復：基本排除我們違規嫌疑，不會對我們進行處罰。另外我們本著讓投資者得到事實真相，也已經向監管部門書面申請檔答覆，能否做到我們無法控制，但我們會積極爭取。

　　××××投資現在面臨前所未有的巨大衝擊，我們的態度是虛心接受各種批評及非議，我們一定會痛定思痛，深刻反思。還是一句老話：「不經歷風雨，怎麼見彩虹！」我們會滿懷信心一直走下去，今年做不好是事實，過去不代表未來，以往做得好不代表今年做得好，但今年做得不好也不代表未來做得不好！對於投資策略，我們多年都經得起考驗的主打策略，不會因一次失利而改變，我們仍然會繼續堅持執行！但豐富其它策略也是必須的。

　　最後××××在此鄭重地、溫馨提示所有投資者：××××的投資風格相當激進，優點與缺點同樣突出，並不一定適合所有投資者。」

　　這個交易員對自身投資體系的信心，對這種投資模式的適應性和不適應性，對投資風險和收益之間關係的認知，都是相當清醒的。在我看來，和他以往優秀的投資業績相比，這次風險事故的發

生有一定的偶然性，也不算太過分。投資者既然認可這種交易風格的優勢，也就應該對這種意外事件帶來的風險有足夠的思想準備，更加客觀、理智、寬容地承受相應的交易結果。

21 在你的第一本書中曾引巴菲特的名言，「我到處尋找的是一英尺高的柵欄，而不是七英尺高的柵欄」，這句話怎麼理解？

我在《作手：獨自徘徊天堂與地獄》中曾經說過一段話，大意是，如果我這輩子投資人生失敗了，肯定不是我不知道怎麼成功，而是我自己不想成功，我知道市場中盈利的方法。

其實，十多年前寫這段話的目的是想警告自己，期貨交易不要天馬行空，自以為是，要收心、守心、守規矩。

期貨市場是一個以金錢的輸贏論英雄的遊戲，而不是投資者之間誰掌握的知識多，誰的投資技巧高，誰就是贏家。相當長時間，我一直陷入投資錯誤的一個怪圈中無法自拔：沒有把自己的精力集中在耐心等待我能把握的機會上，從中牟利，而是成為期貨交易的探索者，期貨研究的發燒友，以為通過瞭解、精通期貨市場各門各派理論，自然而然就成為贏家。為此付出的時間、金錢損失的代價難以估量。

期貨交易不是解奧數題，必須要「知其然並且知其所以然」，能解越難的題說明你越聰明，你的得分就越高。巴菲特曾經引用過這麼兩段話，發人深省：

「投資人必須謹記，你的投資成績並非像奧運跳水比賽的方式

評分，難度高低並不重要，你正確地投資一家簡單易懂而競爭力持續的公司所得到的回報，與你辛苦地分析一家變數不斷、複雜難懂的公司可以說是不相上下。」

「泰德・威廉姆斯是過去 70 年來惟一一個單個賽季打出 400 次安打的棒球運動員。他把擊打區劃分為 77 個棒球那麼大的格子。只有當球落在他的『最佳』格子時，他才會揮棒，即使他有可能因此而三振出局，因為揮棒去打那些『最差』格子會大大降低他的成功率。作為一個證券投資者，你可以一直觀察各種企業的證券價格，把它們當成一些格子。在大多數時候，你什麼也不用做，只要看著就好了。每隔一段時間，你將會發現一個速度很慢、線路又直，而且正好落在你最愛的格子中間的『好球』，那時你就全力出擊。這樣呢，不管你的天分如何，你都能極大地提高你的上壘率。許多投資者的共同問題是他們揮棒太過頻繁。」

投資不是一件簡單的事情，而是一件單純的事情，投資者能夠達到相對純粹的境界，是真正的「大智若愚」。千方百計解難題，把投資技巧往複雜化方向發展，看起來很聰明，恰恰是「大愚若智」的表現。

這就是我在《作手：獨自徘徊天堂與地獄》中引那段話的原因。

Chapter 06

投資信仰

只有信仰才是我們靈魂的拯救者，才是投資
智慧的堅實基礎。無論遭遇怎樣的危機或是
逆境，能夠始終堅守住自己的投資原則和方
法是難能可貴的。

作為一個投資者，以平和心態看待成敗得
失，成功的事情簡單重複地去做，是投資追
求的最高境界。

第 一 節

相信什麼，
就有什麼樣的交易

要在金融市場生存下去，
科學和藝術都是無能為力的。
給投資從開始到結束提供巨大力量的是信仰。

_01_　很少有人把投資和信仰聯繫在一起，怎麼會有這樣的思想？

　　對我來說，也不是一開始就有這樣的想法，本質上是投資交易幾十年，真實的市場搏殺中吃虧多了，知道一個人的投資命運、結局，主要不是外在市場原因造成的，而是源于投資者本身。投資成敗不但需要深刻的投資哲學、投資理論、交易策略，更需要投資者有一個良好的交易心理、心態、價值觀。面對自我內心深處的欲望、動搖、猶豫、懷疑，面對市場外在的誘惑、欺騙、動盪，深刻體會到投資交易中信仰的巨大力量，信仰和投資成敗有極大關係。《作手：獨自徘徊天堂與地獄》出版十年後，《中國證券報》曾經對我後面十年的投資人生做過一個採訪，我特意把題目改為「投資是一種信仰」，也算是我對信仰力量在金融投資中的價值表達一種敬意吧！

_02_　什麼是信仰？

　　按照哲學家的定義，信仰是一種強烈的信念，通常表現為對缺乏足夠證據的、不能說服每一個理性人的事物的固執信任。

　　一般意義上說，信仰是指對某種主張、主義、宗教或對某人、某物的信奉和尊敬，有一種堅定不移的看法，並把它奉為自己的行為準則。

　　信仰看起來似乎離我們的現實生活很遠，但實際上很近。我是做交易的，也不想對此做深入的理論探討，我在網上看到一個故事，也許對大家理解信仰有啟發。

有人問賢者：「信仰是什麼？」

賢者答：「你走過大橋嗎？」

「走過。」

「橋上有欄杆嗎？」

「有。」

「你過橋的時候扶欄杆嗎？」

「不扶。」

「那麼，欄杆對你來說就沒用了？」

「當然有用了。沒有欄杆護著，掉下去怎麼辦？」

「可是你並沒有扶欄杆呀？」

「可是……可是沒有欄杆，我會害怕！」

那麼，信仰就是橋上的欄杆！

03 信仰對人生有何意義？

信仰對人生有何意義，這個問題太大，我也沒有能力和資格對此作出全面深刻的回答。我看到別人有些觀點已經講得很清楚了，就綜合了一下這方面的內容，供你參考：

不管科學技術發展到何等程度，人的有限性是不會改變的。雖然我們知道的比 2000 年前的人們多得多，隨著知識的增加，在很多問題的認識上獲得了進展，可一些新的困惑又會產生。而在有些問題上，比如在死亡所引起的恐懼這一人生終極問題上，則幾乎沒有取得進展。人類在欲知和未知、在有限和無限之間的鴻溝，與我

們的祖先相比，縮小的幅度可能遠沒有想像的那麼大。在這道鴻溝裡，既生出希望，也生出恐懼，這就給信仰留出了地盤。

信仰在根本上影響著人們的實踐活動和精神生活，人有了信仰就有了人生價值觀，有了信仰就會相信自己。一個人內心的信仰會左右他的現實生活，控制他的行為，同時又間接地塑造及強化他的信仰。所以說，有信仰的人，心底會有希望，意志會更堅定，遇到困境會迎難而上，去實現自己的理想。

04 有人說，投資是一門科學，有人說投資是一門藝術，你又說投資是一種信仰，怎麼看待這些觀點？

按照我的理解，投資有科學成分，科學世界觀與方法論是辨明真偽是非的利器。我們在投資交易中，也需要概念、判斷、分析、綜合、比較、推理、計算等能力，這是科學思想在投資活動中的巨大價值。但投資肯定不是一門傳統意義上的經典科學，否則科學家就把投資者的事情全部做了，成為金融市場的超級贏家了。

美國長期資本管理公司是由一群頂尖的科學家創立的，他們的量化投資策略曾經帶來過驚人的利潤，但最終卻在金融市場死得很慘。問題的核心是市場的善變和巨大的不確定性，黑天鵝總會來的。做投機的人遇到這種見怪不怪的倒楣事，除了罵自己幾句，大概率是三十六計走為上。面對從概率統計得出的可能性幾乎為零的意外事件，科學家們反而演變為瘋狂的賭徒，他們付出的慘痛代價，似乎是故意在證明一個常識：科學並不怎麼科學，至少在投資

行業如此。

　　在我帶團隊訓練交易員的過程中，我發現我的投資哲學、理論、策略只要一周就能講清楚，這些相對客觀、具有邏輯的知識，他們很快就明白。但是，在後來的模擬和實戰操作中，從交易動作到交易結果，每個人的表現差異巨大。背後的主要原因是人的性格、悟性、敏感度、創造性、努力程度等主觀方面的因素。比如，有人能感受、體會到市場的脈動、韻律和節奏，把握交易進出場中的微妙之處，有人則反應遲鈍、動作粗糙。人和人之間的這種毫釐之差，往往對交易員的最終業績起著決定性的作用。

　　世界上有無數人學習繪畫，但又有幾個人能夠達到吳冠中先生的境界和高度？世界上也有無數人在從事投資，但有幾個人能有索羅斯、巴菲特的成就。從這個角度而言，投資和藝術類似，確實有很大的主觀成分。

　　如果讓我對投資是一門科學還是一門藝術做出選擇的話，我寧願認為投資是一門藝術，但這不是我行我素、天馬行空的自由發揮，而是需要「從心所欲而不逾矩」。我非常敬佩國內一位很厲害的投資家—大連的蔡維國先生，連續十多年在期貨市場中獲得了巨大成功。讓我感到驚訝的是，蔡總不但交易做得好，更是一位優秀的小提琴演奏家。我總覺得，蔡總的良好盤感和他敏銳的藝術感覺或許不無關係。

　　投資是一門科學或者是一門藝術的說法，是針對投資活動的過程和結果的一種定義或者概括，這和我提出的投資是一種信仰完全

是不同層面的問題。

　　在我看來，不管交易是科學還是藝術都不重要。我在交易世界裡特別深切的體會是，面對投資市場的不確定性，不但是因為投資理論天然的不完美性，註定了我們不可能找到百戰百勝的投資策略和方法，更是人性的貪婪和恐懼時時刻刻都在干擾著我們的思維和行為，這種影響力是根深蒂固，無法擺脫的。所以，投資是一種孤獨的遊戲，投資者在市場中註定是孤立無助的。我們要在金融市場生存下去，要一以貫之地按照自己的投資體系觀察和操作，要時刻保持一種理性而有節制的心理狀態和行動能力，科學和藝術都是無能為力的。能夠給我們的投資活動從開始到結束提供巨大力量的恰恰是信仰的支援，每一次交易決策的背後是我們對自己交易體系的堅定信仰。相信什麼就有什麼樣的交易，從這個意義上講，投資是一種信仰。

第二節

投資體系，
是我在金融市場賴以生存的根本

當我信仰不夠堅定、不遵守體系時，

無論盈虧，

內心深處都有一種類似褻瀆神靈帶來的痛苦和不安。

05　你的投資信仰和投資體系是一種什麼關係？

　　我的投資體系包括投資哲學、投資理論、投資策略和方法。作為一個投資者，這一切是我在金融市場賴以生存的根本。我就是它，它就是我。投資哲學是我的思維方式，投資理論是我理解市場、解讀市場的定位標杆，投資策略和方法是我交易中的攻守之道。

　　我曾經是個盲目瘋狂的賭徒，曾經在無數的交易思想、方法之間搖擺不定，曾經妄想建立全天候的操作體系，所有這一切帶來的結果可以概括為兩個字：失敗！

　　我不敢說我現在的這套體系是絕對真理，它們只是我對市場交易的認知和行為標準，只是我心目中的真理。每一次，當我信仰不夠堅定，不遵守體系，無論盈虧，內心深處都有一種類似於褻瀆神靈帶來的痛苦和不安。對交易哲學的深信不疑，對投資理論的純粹堅持，對工具、模式的一致執行，背後真正的動力，歸根結底的意義上來說其實是我的投資信仰。

　　幾年以前，我去青海塔爾寺，我本來學的是哲學，對於佛教也有所瞭解，從「知」的層面，我對佛教智慧是很感興趣的。

　　我不是佛教徒，也不是某種其他教徒，所以這種理解更多是知識層面的，而不是真正地認同它、信仰它，把自己當作一個教徒的立場去看待佛教，所以我喜歡的應該叫做佛教智慧，而不是佛教徒的生活方式和虔誠信仰。

　　在塔爾寺外面，有很多虔誠的信徒在那裡幾個月、幾年五體投地地頂禮膜拜，並且是以十萬等級來衡量的。信仰虔誠的信徒有的

磕五十萬個，甚至一百萬個以上，這樣的行為，讓我感到非常強烈的震撼！在一個不是教徒的人眼裡，很難理解到底是什麼力量在支配著他們這樣一種行為，怎麼會有這麼頑強的意志讓他們重複地做這樣的事情？

有人說，知道不是力量，相信才是力量。我想這就是信仰的力量吧！

06　在清華大學期貨班課堂上，你提到「小智為財奴，中智為克己，大智為信仰」。作為交易員，對這句話怎麼理解？

從一般意義上，這句話可以作這樣的解釋：人活著，下等的智慧是為生活所困、為錢財而忙，淪為錢財的奴隸；中等的智慧是控制自己的情緒和欲望，和他人、社會、世界和諧相處；具有信仰的人往往有大智慧，人生可能比一般人活得更簡單明白。

金融投資市場，什麼樣的人、什麼樣的故事都有，可謂盡顯人生百態。我覺得這段話很好玩，好像一面鏡子，我們對照一下，就知道自己是人是妖，是智是愚了。

小智為財奴。所謂小智，應該指的是有小聰明的人，所謂財奴，指的是錢財的奴隸。在交易世界，小智為財奴可以理解為投機者費盡心機、投機取巧，企圖利用小聰明和小智慧去打敗市場，掙到大錢。以內心的欲望、市場的波動作為行動指南的一種投資方式。然而，正是因為你太在意輸贏得失，金錢是你眼中唯一的追求，在市場裡肯定會急功近利，無意中你就變成了財奴，非但不容

易在市場交易中盈利，反而可能成為追漲殺跌的犧牲品。在我看來，這種思維、行為模式並非投資成功之正道。

中智為克己。我的理解是，如果你懂得了自我控制，在沒有機會、不該做交易的時候，能夠不急不躁，耐心等待；在機會來臨，應該出手的時候能勇於出擊，這樣反而更有成功的可能。當然，這裡有一個前提，你得明白你的投資標準是什麼，交易到底應該怎麼做才能贏。

很多年前，我在杭州做過一次演講，會後《浙江日報》做了報導，令我極度驚訝的是，報導題目竟然是《期貨交易要老老實實、規規矩矩》。我演講時原來的題目並不是這樣的，我和寫這篇報導的記者也素不相識，但我知道，他真的聽懂了我在說什麼，可謂心有靈犀一點通吧。這個題目取得太好了，比我自己取的強百倍！

大智為信仰。按照我的交易體系，我認為我們交易的是一種信仰。金融投資市場充滿誘惑和欺騙，到處是陷阱。不管你如何努力、如何冥思苦想、如何精心設計，都不可能找到一套百戰百勝、完美無缺的投資理論和方法。意外事件一個接著一個，人性的弱點時時刻刻讓我們內心世界胡思亂想，猶豫不決，迷茫糾結，充滿騷動，陷入在投資的迷宮之中無法自拔。

去年離世的期貨交易員劉強說過一句很深刻的話，「資本市場就是把錢從內心狂躁的人的口袋裡流到內心安靜人的口袋裡的一種遊戲」。所以，只有信仰才是我們靈魂的拯救者，才是交易智慧的堅實基礎。在整個交易過程中，因為投資者內心有一套自己信任的

理論體系，心靈是純粹的，思想是單純的，看到的世界是簡單的，交易思路是清晰的，交易動作是簡潔的。

面對市場的不確定性，有信仰的投資者在方向的判斷，進場時機的選擇，是否進場的決定，進場以後是否持倉，持倉以後到底該什麼時候平倉，這些問題的每一步上，他不會迷茫不安，猶豫不決，反復思考。在這一點上，有投資理論信仰的人和沒有理論信仰的人差別巨大。

我們交易的不是市場，而是一套交易規則、交易思想，歸根結底，只有信仰才能給我們的交易規則、交易思想提供行動的力量。

在這個意義上，交易市場中我認為大智是信仰。

_07_ **多年的期貨交易經歷，肯定能體會到投資者每天在具體交易過程中的痛苦和煩惱，投資信仰對於擺脫這些痛苦和煩惱有什麼作用呢？**

確實，投資世界充滿變數，我們不能預知未來，不得不面對意外之事的發生。所謂「天有不測風雲，人有旦夕禍福」，不確定性幾乎與投資時刻相伴而行。

投資者在市場中每天面臨著各種各樣的考驗，市場的誘惑和欺騙，內心的貪婪和恐懼，思想的動搖和墮落，如果沒有完整的投資體系和信念，肯定會讓我們在交易世界迷失方向，無法自拔，陷入絕境。

所以，從某種意義上說，任何一種投資方法或者原則，不在於

你掌握和運用它的熟練程度，而在於你對這種投資方法或者原則是否真的相信，是否能夠一如既往地堅持。無論遭遇怎樣的危機或是逆境，能夠始終堅守住自己的投資方法和原則才是最難能可貴的。

「文革」時，一女士被剃了一個陰陽頭，公眾批鬥，當眾羞辱。該女士是當時一位很有身份的人，雖說學佛多年，仍難忍如此侮辱，當時死的念頭都有了。禪門大師賈題韜當時遞上一紙條，女士即豁然開朗，破涕為笑，安然度過此劫。紙條就七個字：「此時正當修行時」。遇困境時，謹記此七字真言。

這就是信仰所能產生的巨大力量，投資者在交易中面對市場動盪起落，內心備受煎熬，迷茫不安的時候，只有投資信仰才能夠幫助我們平復心境，渡過難關。

在我的交易體系中，我們交易的不是市場，而是一套交易規則、交易思想，這就是我的信仰。所以從更深層次來說，我認為我交易的是一種信仰，投資信仰的力量才能夠讓我的投資人生走到今天。

08　為什麼提出「我命我造」，同時又說我們對投資結果要認命，這兩者之間是什麼關係？

在我看來，這是一個局部與整體、短期與長期的關係。

「我命我造」強調的是，現代金融市場是一個相對自由的世界，是一個無數年輕人希望創造奇蹟，實現夢想的舞臺。但是，不要忘了，華爾街一端通向天堂，另一端通向地獄。投資者未來的投

資命運是由自己創造的，不管是悲劇還是喜劇，每一個人都必須為自己的選擇和決策後果負責。

市場交易是一個遊戲，這個遊戲確實很難，大多數參與者難以避免失敗的命運。我做了二十多年投資，對此深有體會。

托爾斯泰說過，「所有幸福的家庭都一樣，不幸的家庭各有各的不幸」。投資市場中失敗的方式千奇百怪，成功者則有類似的共性：有信仰、有哲學、有理論、有方法、有風險管理、有自我控制等。

我們的投資哲學、投資理論和方法，提出的標準在先，未戰而先勝，恪守自己的能力圈，讓我們在投資市場具有一定的優勢。只要一以貫之地堅持我們的理念和體系，雖然在投資過程中免不了起起落落，但從長期來說，我們對自己的投資命運持樂觀態度，這源於我對自己投資哲學、理論、方法的認同和信仰。

當然，我們的投資理論天然不完美，不可能百戰百勝，體系的適應性有階段性特點，這註定了我的投資之路不可能一帆風順。從概率角度講，單次交易可能面臨的虧損，階段性的低潮，都是我們體系固有的一部分，我們不會對此過於煩惱，能夠相對坦然地接受自己所選擇的體系的缺陷。另外，金融市場充滿不確定性，投資過程中會有無數意外事件發生，風險永遠如影隨形，這種防不勝防的黑天鵝事件，我們也無法控制，只有被動地接受命運的安排。

古人雲：「聖人有情而無累」，說的是聖人不是沒有感情，而是能夠控制感情，不讓感情成為行動的決定因素。作為一個交易員，由於輸贏而引起情緒上的痛苦和快樂很正常，只不過無論交易

結果是好是壞，未來操作該怎麼做還得怎麼做，不能感情用事。

　　我們是人不是神，人類只有有限理性，不可能永遠保持理性的思維和行為，真正做到「不以物喜，不以己悲」，那是一種理想。但是，在交易中徒勞地掙扎、抗命是危險的，更是沒有意義的，所以，從某種意義上說，我們不可能徹底決定自己的命運，無論投資結果如何，都要坦然面對、認命。這就是中國古人說的「盡人事，聽天命」吧！

　　這就是我理解的我們對投資結果要認命。

第三節

交易員該追求的理想－－
澄明之境

處於「信仰」階段的投資者當然知道，
還有其他方法也能從市場中掙錢，
但這和我們有關係嗎？
內心乾淨地只用自己的方法觀察、理解市場，
並據此行動把投資當做一種信仰。

<u>09</u> 訓練交易員，你如何做到讓自己及團隊一步一步認同理論體
系，並依其交易？

我把交易員對我的投資思想和體系策略的認知和接受過程分為
四個階段：第一是知道，第二是相信，第三是信任，第四是信仰，
這四個階段是循序漸進提升的。

我的投資哲學、理念、策略、方法，我的投資基本思路是什
麼，只要聽幾天課，大家差不多都明白了。這個過程是相對比較簡
單的，只是一個知識接受的過程，大概十天、八天，他們就能達到
「知道」這個階段。相信、信任、信仰，我個人的理解，也許可以
從一個點、線、面的關系這個角度去理解。一般人看來三者之間的
區別並不是很大，在我的投資思想裡，它們之間的關係需要有相對
嚴格的定義，清晰的界定，我認為這一點至關重要。

下面就我個人在交易中的體會和想法，簡單闡述一下我對相
信、信任、信仰各自的理解：

「相信」階段的投資者，他們已經知道體系的優點和缺點，在
「知」的層面沒有問題。但是，在實際操作過程中，不能一致性地
做到真正的知行合一。他們的思維和行為容易出現下面的問題：

（1）實用主義。對體系的態度是，當下的交易結果好就信，
當下的交易結果不好就不太相信。

投資市場沒有包賺不賠的方法，投資成功的核心是虧小錢賺大
錢，這是投資市場成功的基本規律。對一個有優勢、有勝算的交易
體系而言，任何單次交易盈虧並不重要，長期而言，投資者只要控

制好風險，一致性地根據體系操作，結果是有保證的。但在真實的操作過程中，我們很容易急功近利，僅僅根據一兩次交易的盈虧、短期市場的正負反饋，就對交易體系盲目樂觀或者失去信心。

（2）心理、思想上有雜念。在實際交易中，往往是吃著碗裡的看著鍋裡的，容易陷入腳踩兩條船，什麼機會都想要的境地。

你用我們的體系去理解、觀察市場，你看到的是用我們的體系理解到的、觀察到的市場。如果你欲望太大，同時夾雜著別的理論體系方法，那麼你實際上是用多種不同的觀念去看待市場，你看到的並非是你想像中的清澈世界，而是一個混亂的世界。

在投資市場，交易員的心理和思維的純粹性非常重要，我經常用一個比喻：「一顆老鼠屎壞了一鍋粥」。從量的角度來講，「一鍋粥」可能有一萬粒大米，「一顆老鼠屎」只有一顆，從比例關係看，其實是一比一萬，一顆老鼠屎和一萬粒大米相比是微不足道的。那麼，為什麼僅僅因為一顆老鼠屎這鍋粥就壞了，就不能喝了呢？關鍵不是數量多和少的問題，而是性質有和無的問題。

所以在「相信」階段，相對而言，投資者的心理狀態比較脆弱，思想上有雜念，行為上會搖擺。

「信任」階段的投資者，他們不但瞭解交易體系的優點和缺點，在「知」的層面幾乎沒有問題，而且基本能夠達到知行合一。絕大多數情況下，他們能夠信任體系，自覺地根據體系的要求做出合理的操作動作。所以，處於「信任」階段的投資者，能夠達到在市場中穩定盈利的境界。

　　但是，在實際操作過程中，在某些特殊的情況下，當交易結果和預期差異巨大時，會短暫表現出痛苦、搖擺、懷疑、膽小的心理狀態，行為上會出現謹小慎微、縮手縮腳的特點，不敢一致性大膽、堅定地按體系給出的信號操作。

　　冷靜下來以後，處於這個階段的投資者清楚地知道不能回到過去，不能換方法，不能違反體系的要求，那樣做的結果是死路一條。大多數情況下，他們會通過主動調整自己的狀態，恢復對體系和自己的信心。

　　能夠達到這種境界的投資者，一定能夠在交易中取得很大的成就，非常不容易，在市場中幾乎鳳毛麟角。

　　我想通過下面這個故事，給大家解釋一下我所理解的相信和信任的差異：

　　有一個走鋼絲的人，技術超群，他能在兩幢20層高的大樓間，手持一根平衡杆在鋼絲上自由行走。成千上萬的人被他令人窒息的壯舉所吸引。

　　只見他走過鋼絲後，讓其助手騎在他肩上，準備再走一遍，觀賞的人們報以激烈持久的掌聲，他示意人們停止鼓掌，然後大聲問：「你們相信我和我的助手能走過去嗎？」

　　「是的，我們相信！」人們狂熱地大喊。他停了停，然後大聲問：「那誰願意騎在我的肩上？」

　　人群死一般寂靜。

　　這個故事當中，觀眾基於走鋼絲者前面的表現，對他的能力有

一個基本認知，相信他具備這個能力，也相信他背著助手能安全地走過去，但是，他們內心的害怕戰勝了嘗試勇氣，不敢做出這種冒險的舉動。在我的眼中，這些觀眾處於「相信」的階段。

助手當然知道做這件事情有風險，他內心深處也難免懷疑、猶豫，甚至害怕，但他依然做出了這種選擇，這源於對走鋼絲者的充分信任，並願意承擔由此帶來的後果。在我眼中，助手處於「信任」階段。

信仰是絕對的、無條件的、純粹的、神聖的。

處於「信仰」階段的投資者完全不認為自己的交易體系是最好的，當然知道其他的方法也能從市場中掙錢，但這和我們有關係嗎？投資者不會在各種方法之間搖擺、猶豫，而是內心乾淨，純粹地只用自己的這套方法去觀察市場、理解市場，並毫不動搖地據此行動，把投資當做一種信仰。這種狀態是我心目中成功交易員應該追求的理想心態和精神境界—進入澄明之境。

17 世紀 30 年代，為了躲避勢力日益強大的準噶爾部的威脅，蒙古土爾扈特人西遷至俄國南部的伏爾加河流域遊牧。伏爾加草原土肥水美，遠離戰爭，飽經戰火洗禮的牧民們終於找到了安靜和平之地。

但誰也沒料到，他們很快又墜入俄羅斯帝國的恐怖統治之下，強行在部落內推行東正教，禁信藏傳佛教。

苦難深重的土爾扈特人民決心為信仰而戰，年輕勇敢的渥巴錫率領族人踏上了艱難險阻的東歸旅途。俄羅斯女皇聞訊後立即派兵

數萬進行追擊和阻截……在前有各部落人馬堵截，後有俄軍窮追不捨的嚴重形勢下，渥巴錫和他的族人們歷盡艱險，跋涉萬里，喋血苦戰，曆九死而不悔，出發時的十七萬族人，到達伊犁者竟不足七萬。

　　經過為期七個月一萬多裡的長途跋涉與征戰之後，土爾扈特人終於回到了故鄉，完成了人類歷史上最後一次悲壯的民族大遷徙。

　　為了堅持自己的信仰，他們付出了慘痛的代價，至死不悔，這就是信仰的偉大力量。

_10_　訓練交易員，你提出「收心，守心，修心」，請解釋其內涵。

　　一般意義上說，收心指的是約束意念，心無旁鶩；守心指的是堅守節操，守志不移；修心指的是修身養性，使心靈純潔。

　　過於貪婪的欲望，在投機市場是致命的。我根據自己的體會歸納出這六個字，目的很簡單，就是讓交易員的內心從盲目到自覺，從感性到理性，從理性到超然。

　　在龐大的市場面前，任何人都是渺小的，作為一名投機者，不可能什麼樣的波動都去抓，什麼樣的利潤都想要，應該擁有的是面對欲望時的自我克制，老老實實地從市場中挑選出什麼才是適合你的，屬於你的機會。

　　自我克制的前提是自我認知。多數人往往徘徊在現實自我和理想自我之間，無法對自我做出一個客觀的評價。理想中的自我會上天入地，無所不能，現實中的自我，其實是不自由的，是環境的產

物。作為一個投資者，如果不能清晰、明確地限定自身的能力圈，那麼很有可能會陷入貪婪和恐懼的惡性循環中。

所以對於投資者來說，想要在金融市場取得成功，必須要有舍有得，放棄一些對於你來說莫名其妙的行情，承認很多難以理解的市場波動不在自己的能力圈範圍之內。「滔滔江水只取一瓢」，不斷地縮小自己的能力圈，才更容易讓自己立於不敗之地。

這就是我講的投資中的收心。

當我們回到自身能力圈範圍內，無論採用什麼交易模式，市場都會出現相應的交易機會。有的可能需要三五天，有的可能需要幾個月，但是，只要我們耐心地等待，總會有這樣的機會出現。

在等待的過程中，市場不會靜止不動，甚至會有巨大的波動，這對投資者是一種極大的誘惑。很多時候，我們往往會自作聰明，總想去抓住這些所謂的機會。一旦這樣去做，我們就已經跨出了危險的邊界，成為了賭徒。作為一個理性的投資者，根本不應該做超出自身能力圈以外的事情，哪怕這樣的賭博有利可圖，也是不理智的。這會打破我們內心世界的寧靜，放縱自己的欲望，陷入市場給我們的貪婪挖下的陷阱。

所以，守心並不是簡簡單單地等待機會，而是守護我們自身靈魂的純粹和對投資信仰的忠貞。

這就是我講的投資中的守心。

在收心和守心過後，投資者往往已經進入了一個內心相對寧靜的世界。但人生活在現實社會，總有喜怒哀樂，總有貪嗔癡。一個

人在投資市場表現出的自我克制，往往和他在現實生活中表現出的個性、習慣和人生價值觀緊密相連。巴菲特說，「一個在小事上無法節制的人，往往在大事上也無法自我控制」。修心不僅僅體現在市場中，更需要隨時隨地在生活的方方面面有意識地去磨煉。

有一次，一群交易員湊在一起玩德州撲克，在我看來，這是一個純粹的遊戲，只是酒後的放鬆娛樂而已。讓我非常驚訝的是，我心中很敬佩的一位投資家，對這麼一個小小的遊戲玩得也很認真。在整個遊戲過程中，一些很有名的交易員在打牌時非常隨意，輸光籌碼後再重新買入。只有他一直很嚴謹地對待牌局，該下碼的時候下碼，也敢於下注，該放棄的時候放棄，很有耐心，成了這場遊戲中最後的三個贏家之一。

這件事讓我非常感慨，本來我們認為投資是投資，人生是人生，兩者之間似乎沒有什麼關係，但是，我從他的行為上看到了什麼是知行合一境界。從日常小事上的嚴謹，到交易上的嚴謹，這是一種生活態度和人生哲學。他能取得這麼大的成就，充分印證了一個道理—投資成功先從做人開始。

從收心、守心到修心，三者是循序漸進的關係，很多情況下，讓自己心甘情願地做一個「傻子」是一件很難的事情。只有不斷地做減法，用規則來限制自身的欲望，一個投資者的思維、心態才能從雜多走向純粹，從複雜走向單純。沒有人給我們智慧，我們必須自己找到它，這需要經歷一次茫茫荒野上的艱辛跋涉。就像著名音樂人高曉松說的：讀萬卷書才看得清皓月繁星，行萬里路才能回到

內心深處。

這就是我講的投資中的修心。

_11_ 佛法中的戒、定、慧，你運用於交易訓練中，想傳遞什麼思想？

按照佛教的解釋，戒定慧合稱為三學，修戒是完善道德品行，修定是致力於內心平靜，修慧是培育智慧。戒定慧三學是次第的關係，即循序漸進的過程。先要完善自己的品德（戒）；有了品德，就應嘗試讓自己的心平靜（定）；內心平靜了，應進一步提升智慧（慧）。

所謂的修行，就是修習戒、定、慧，培育品德、平靜和智慧。

在我看來，投資水準的提升，也要走戒、定、慧三步。

所謂交易中的戒，指的是投資者要有所為有所不為。

首先，交易市場有各種各樣的理論體系、操作方法，有技術派、基本面派、價值投資派；有順勢交易法、逆向交易法、震盪交易法；有長線交易、中線交易、短線交易等等。在這麼多交易理論、模型中，必須要有取捨，要明白什麼才是適合我的，找到屬於我自己的方法，我只要這個，其他都不要。這就是「戒」。

其次，在選擇、確定了自己的交易理論體系以後，運用不同的交易模型，背後的入場、加倉、止損等等往往有不同的要求，也需要作出取捨和抉擇。這也是「戒」。

再次，交易者面對大大小小的市場波動，不是所有機會都要去

抓，也不是所有機會都能抓得住。短線、中線、長線，我到底要的是什麼利潤？我要做減法而不是加法。這更是「戒」。

所謂交易中的定，我把它分為兩個方面：

一是你選擇了自己的交易體系、交易模型後，就不要三心二意，而是應該一心一意地按照自己的體系操作，有機會就做，沒有機會就等，完全信任體系的信號。不管什麼樣的體系模型，都會有適應市場的時候，也會有不適應市場的時候，不能因為我的交易模型短期不適應市場，我就輕易放棄，被其他的交易理論誘惑，跑去選擇別人的方法。賺我該賺的，虧我該虧的。這就是「定」。

二是控制自己的心態、情緒。不因為大幅盈利而驕傲，也不因為局部虧損而沮喪，平心靜氣地看待交易成敗，讓內心處於平靜、安寧、專一的狀態。這也是「定」。

所謂交易中的慧，體現在兩個方面：第一個方面是交易技術上的精進。

選擇的交易模式在長期運用的過程中，熟能生巧，越來越能夠體會這套交易手法、交易技巧的微妙之處，庖丁解牛，唯手熟爾，對市場機會的把握越來越精準，也越來越有信心。

第二個方面是隨著交易經驗的積累，對市場、對自我的認知和領悟更加深刻，駕馭市場交易的整體能力逐漸提高，投資由術至道，這也是「慧」。

這就是我理解的投資中的戒、定、慧的含義。之所以有這個想法，也是當初和學生探討中不經意產生的靈感。佛教智慧博大精

深，我不知道自己這樣的解讀是否合適，一家之言，姑妄言之，姑妄聽之，但願不要對交易者有所誤導。

第四節

你交易的，
是自己信仰的思想體系而已

市場沒有內在的、不以人的意志為轉移的規律，
你無法據此去預測市場價格變動。
我們交易的，是我們的信仰。

_12_ 金融市場是一個非常自由的空間，在這裡人們可以充分發揮自己最大的潛力和才華，索羅斯如此，巴菲特如此。但是，殘酷的現實是，這個市場中 99% 以上的人是失敗者。請由信仰的角度談一談金融市場投機者，為什麼最終命運極不樂觀？

投機交易是會上癮的，就像賭癮、毒癮。這個市場，完全是一個獨立決策、獨立負責的自由世界。只要你有錢，你想怎麼做都可以。正因為如此，我才意識到「人為自我立法」這個思想在金融市場的重大價值。在這個欲望氾濫、光怪陸離的地方，我深切地體會到，大多數投機者之所以失敗是有深層次原因的。根據我個人的粗淺思考，至少包括下面三個方面：

（1）沒有投資信仰

我們知道世界上信仰宗教的人很多，有信仰佛教的，信仰伊斯蘭教的，信仰基督教的，還有信仰猶太教的。為什麼沒有一個人能同時信仰好幾種宗教，這一直是讓我深思和好奇的問題。我曾經請教過北大的教授，也請教過自己的導師，沒有人能夠給我滿意的答案。直到現在，我也沒有徹底搞清楚。

作為一個投機者，我為什麼對這個問題有如此強烈的興趣？這在投資交易中有什麼意義呢？

我曾經做過一件極為愚蠢的事情，相當長時間，我一直嘗試把各門各派的投資理論、方法、工具組合在一起，打造一套適合市場所有狀況的全天候作業系統。趨勢行情能做，震盪行情也能做；長線能做，短線也能做。反正，這套交易體系能夠抓住市場大大小小

的所有波動。

我就像在造一架飛機，拆了裝，裝了拆，可就是永遠飛不起來。本來，我只是一個期貨交易員，目的只是賺錢而已，現在倒好，我一邊操作，一邊思考，不知不覺地成為了一個投資思想、理論、方法、工具的研究者、實驗者，成了期貨交易探索的發燒友。

在期貨市場混日子是有高額成本和代價的。殘酷的結果告訴我，我的想法和做法不可行！那麼，到底問題出在哪裡呢？我陷入了漫長而痛苦的思考中。

按理來說，我把各種投資理論、方法、工具的優點結合在一起，加上我和團隊集體努力，完全可以構建出一套前無古人，後無來者的完美交易體系啊！到底是什麼原因讓我走到如此尷尬境地？

慢慢地我意識到，各派投資理論，從獨立的角度看都有其合理性、邏輯性，在市場中也有不少據此取得巨大成功的牛人。但是，當我試圖把它們綜合在一起時，它們之間天然存在著難以調和的矛盾和衝突。

這就是我思考世界上為什麼沒有一個人同時信仰基督教、佛教、伊斯蘭教的原因。

如果說信仰具有神聖性和唯一性，那麼，投資理論作為世俗智慧的結晶，談神聖性也許不夠資格，但投資者在接受這套理論的同時，也必須同時認同它的唯一性。如果我同時相信不同的投資理論，有多重信仰，便會陷入思維混亂、行為無所適從的萬劫不復之地。

從這個意義上說，我選擇了一套投資理論，也就接受了它對這

個市場的唯一解釋，不管它解釋得對與錯，我都必須無條件地相信並承擔由此帶來的一切後果，心甘情願地接受它的優點，也承受它的缺點。

我突然發現，對我來說，我接受的不是一套科學理論，而是一套信仰體系。它不但是我觀察市場、理解市場的基礎，更是我行動前後一致性的內在力量源泉。一種建立在投資信仰基礎之上的理論觀念，只要維持了信仰規定的態度，就能產生心理上的約束力。只要投資信仰堅定，這種約束力就極其有效。

市場中有言，「讀八百本書，無外乎順勢而為」。從知識層面、從實用角度而言，順勢而為真的那麼行之有效，能夠讓你在市場中每一次都輕輕鬆鬆地獲利嗎？顯然不可能。

但是，當我把它上升到我的投資信仰，一以貫之地去實踐時，它就會讓我內心安寧、方向明確，給我帶來巨大的價值。

信仰能夠讓人純粹和專注。作為投機市場的參與者，我們每一個人都應該捫心自問，我有投資信仰嗎？如果沒有，我又如何保證自己長期按照一種理智、堅定的方式行動呢？

（2）人的有限理性

人的感性存在和有限理性決定了人類註定是一種渺小的存在。

但是，人性本質上是希望追求完美，我們無意識中總是在追尋無限的智慧，試圖理解市場的本質，追求終極意義上的市場真理。從宗教的立場而言，只有神才是全知全能的。

無意中把自己當作一個全知全能的存在，用有限去追求無限，

追求完美，這就是投資市場中大多數人失敗命運的原因之一。

我給公司的所有交易員都推薦了一部日本紀錄片—《壽司之神》，希望大家都看看。片中介紹了小野二郎從十多歲開始到八十多歲，畢生追求創造完美壽司的歷程。他對小小壽司注入的精神，使他成為師傅中的師傅，達人中的達人，以「壽司第一人」聞名於世。

我的目的有兩個，讓大家從一正一反兩個方面去體會這個故事對我們交易的啟發：

一是我希望大家學習小野二郎這樣的純粹，一輩子專注於一件事情，把它做到極致。我們做交易的人也應該這樣，收心、守心、修心，把自己的思路和方法練到極致。

二是我希望大家看完片子後思考一個問題，小野二郎追求完美的態度和精神，是不是適合我們投資市場？小野二郎做壽司達到目前的水平、境界，如果他的水準大幅下降，重新犯一些新手的低級錯誤，是不可想像的。但是，投資行業有一種特殊奇怪的現象，即使你經驗豐富，取得了相當成就，你以後的投資之路也並不一定一帆風順。即使像傑西·李佛摩這樣的傳奇人物，投資人生也經歷過四起四落。投資是一門有缺憾的藝術，認可體系的缺陷、認可結果的不完美、認可投資命運的不可捉摸和偶然性，也許是一種更深刻的智慧和人生態度。

（3）金融市場天然彌漫著實用主義的思想傾向

有一種觀點，不管我們是否同意，它確實存在：在西方人看

來，宗教是道德的基礎。因為大多數中國人沒有宗教信仰，所以，沒有道德倫理的約束，無底線，無節操，什麼都敢幹。

易中天先生對中國人的信仰有比較深入的研究，他說：

什麼是信仰？就是「對超自然、超世俗之存在堅定不移的相信」，比如上帝或真主。這樣的存在，不屬於自然界，不能靠科學實驗來證明；也不屬於人類社會，不能靠日常經驗來證明。沒辦法，只能信仰。

這樣的存在和命題，我們從來不曾有過。所以，我們也沒有創世神和創世神話。我們有本土的道教，引入了佛教，卻從來都不曾真正成為全民信仰。中國人也信佛、信鬼、信風水，卻其實「信而不仰」；拜神、拜仙、拜菩薩，卻其實「仰而不信」。所謂「信則靈」，其實是「不靈就不信」。

信不信，只看靈不靈。

所以漢民族的「信」，從來就沒有定準。祖宗、菩薩、狐仙、關老爺、太上老君，都可以一視同仁地請進神龕行禮如儀，只不過得各司其職。考大學，拜文昌；生孩子，求觀音；買房子，看風水。只要能給自己帶來實際上的好處，我們是不忌諱改換門庭的。

這，也好意思叫信仰？也只能叫崇拜。有鬼神無宗教，有崇拜無信仰，這就是中華文明的特點。

我不敢對易中天先生關於中國人信仰的觀點妄加評論，但是，他的說法用在金融市場投機者身上非常貼切。大多數參與者沒有信仰，信不信，只看靈不靈，什麼都信，也就什麼都不信。

　　金融市場天然彌漫著實用主義的思想傾向。實用主義方法不是從交易的原則、範疇和假定出發，而是以交易的收穫、結果為標準衡量一切。這種思想和我的投資信仰、投資哲學、投資理論走的完全不是同一條路。我不敢說實用主義哲學一定會導致投資失敗，但至少我不是這種哲學的信徒。

_13_　在你的第一本書中，引用了《與天為敵》書中的一段話：「拯救靈魂的唯一方法是禁欲、犧牲及對簡單和樸素毫不動搖的堅持。」為什麼對這段話這麼重視或者說感興趣？

　　金融市場投資的目的是為了追求財務上的自由，這種人性的欲望是投資者終極的動力，但是，一旦這種無節制的貪欲過度膨脹，恰恰又是導致投資者失敗的根源。面對自我和市場，一定要建立某種信念、規則、形式控制自己的欲望。這就是我為什麼提出投機交易中「人為自我立法」的思想。

　　作為一個職業交易者，很多人其實知道市場中生存、盈利的原則和方法，同時他也知道，威脅他命運的最大阻力之一是自我欲望的放縱。

　　交易思想、原則和方法是經驗和智慧的產物，但不是人行為的動力，投資者行為的真正動力一定來自於乾淨超越的靈魂，來自於對自我投資體系的信仰。當你的精神世界開始墮落，所有的交易規則和理論都不能改變你的命運，你在金融市場的失敗成為無可逃避的必然。

作為一個投資者，為了成功必須長期地進行精神上的自我淨化，也可以說是修煉，努力拯救自己的靈魂。

我經常對公司的交易員們開玩笑說：「人的靈魂是有重量的，只要你不努力自我超越，奮力提升，它一定會向下墜落，從天堂掉到地獄只是轉瞬之間。」

有無數種原因會讓你在交易中失敗。賠錢可能給投機者帶來情緒上的負面作用，讓你賭性大發，違背體系紀律而瘋狂賭博，陷入無法自拔的深淵；賺錢也會讓你情緒激昂，精神亢奮，賺得越多，自我感覺越好，也極容易讓你受到情緒的控制，過於激進，違背交易原則。

所以，我非常認同這句話，「拯救靈魂的唯一方法是禁欲、犧牲及對簡單和樸素毫不動搖的堅持」。也可以算是對自己的提醒和告誡吧！

以平和心態看待成敗得失，成功的事情簡單重複地去做，是投資者的一種很高的修養和境界。

14 《作手：獨自徘徊天堂與地獄》中你曾說：「投資成功不但要靠知識，更要靠膽量，不但要靠智慧，更要靠信念」，這段話不太好理解，請解釋之。

這段話其實也不難理解。舉個生活中的例子，湖南張家界旅遊景區有個玻璃棧道，從正常的常識我們就可以判斷出來，人走在上面是絕對安全的。但實際上，很多人往往是不敢嘗試去走這條道

的，因為恐懼、害怕和擔心。可見一個人知道什麼，認識什麼，沒有勇氣和膽量，許多事情是做不了的。

投資市場同樣面臨很多這樣的問題。不管投資經驗多少，市場中有些交易機會的識別並不像做奧數題那麼困難，我們內心其實是知道它的風險很小，回報可能很高的。從概率、理智的角度來講，我們應該大膽去參與，但是，因為前怕狼後怕虎，害怕失敗的心理，我們往往不敢在這樣的交易機會上果斷出手，從而很可能與巨額利潤失之交臂，事後懊悔萬分。

期貨交易就像一個賭局，我們雖然賭的是市場未來走勢，但是卻不能在開牌以後才下注，而是要在開牌之前做出決定。在資訊不充分的情況下決策，沒有勇氣和膽量去行動，一個人是不可能成事的。

關於智慧和信念的問題，道理也差不多。投資需要智慧，但是任何智慧都不可能是完美無缺的。作為一個投資者，從開倉、持倉到平倉過程中，一定會遇到各種各樣的考驗：市場走勢的變化無常；短期價格的暴漲暴跌；外在的、內在的恐嚇和誘惑等等，都會干擾、扭曲我們合理的投資邏輯和行為。如果我們內心深處沒有強大的信念作為心理支撐，是不太可能渡過投資過程中的難關，到達成功彼岸的。英國 19 世紀著名社會改革家撒母耳‧斯邁爾斯在《信仰的力量》一書中寫道：「能夠激發靈魂的高貴與偉大的，只有虔誠的信仰。在最危險的情形下，最虔誠的信仰支撐著我們；在最嚴重的困難面前，也是虔誠的信仰幫助我們獲得勝利。」

所以，我認為信念比智慧更重要。

<u>15</u>　講課時你曾談到「信則靈」的觀點，想表達的是什麼？

　　「信則靈」這句話我年輕時是完全不相信的，覺得荒唐透頂，說這種話的人肯定是個騙子。隨著歲月的流逝，我越來越感到這句話有道理，很深刻。

　　為什麼「信則靈」？其實也不難理解。

　　因為任何哲學體系甚至科學理論，都不可能是完美的，都是有缺陷的。牛頓經典力學是科學吧？但是，根據愛因斯坦的相對論，牛頓力學只有宏觀物體速度遠小於光速的時候是成立的，對於微觀粒子,牛頓第二定律不成立，對於接近光速運動的物體，牛頓第二定律也不成立。

　　如果連我們曾經信奉為絕對真理的傳統經典自然科學都有適用的範圍，都只能解釋宇宙中特定時空條件中的某些現象，在所謂的社會科學領域，包括金融市場，還有放之四海而皆準的完美真理嗎？

　　作為一個投資者，我知道市場中有各種各樣試圖解釋價格運動規律的理論，有的甚至稀奇古怪，讓人不可思議。金錢的吸引力是如此巨大，古往今來，從科學家到賭徒，一直在探索金融市場的奧秘，希望找到成功的投資方法。

　　我自己也是投資理論的發燒友，也曾經嘗試過數不勝數的方法，試圖在市場中牟利。最後，我覺得趨勢理論、結構理論解釋市場變化似乎比較有效。我當然知道我的這套東西不是什麼科學理論，大多數市場波動它也解釋不了。我用它做投資，虧的次數比賺的次數多得多。只不過因為虧錢時我逃得快，每次虧得都不大，賺

的次數相對少，但偶爾幾次盈利的數目比較大，盈虧相抵，總的結果似乎還不錯。如果我一直按照這套方法做下去，通過適當的風險管理，長期看我的投資是有優勢的，能夠在市場中賺到錢。

投資的目的是求財，如果一套方法能夠讓我贏多虧少，它是不是科學，或者你甚至說它是偽科學，這個重要嗎？一點也不重要。

只不過我發現，對於這樣一套時對時錯、時靈時不靈的投資方法，我只有充分相信它，一以貫之地按照它的要求買賣，它才會對我有價值。如果我偶爾相信，偶爾不相信，沒有嚴格遵循它的指令行動，我就有大麻煩了。我不能用實用主義的態度來對待它，在它幫我賺錢時就相信它，在它給我帶來虧損時就拋棄它。無數次血淋淋的教訓告訴我，當我自作聰明，主觀地對它給出的信號進行二次過濾時，我的選擇總是被證明極為愚蠢。虧錢的時候我次次在場，賺錢的交易我卻在外面看熱鬧。

終於有一天，我決定放棄掙扎、放棄思考，再也不冥思苦想，自尋煩惱，它讓我買我就買，它讓我空我就空。天下本無十全十美的方法，像個傻子一樣跟著它有什麼不好？

一種市場理論，一種思想有用時你感覺它很有價值，相信它；階段性不適用時覺得它無價值，你就不相信它，這個實際上不叫做信。如果你似信似不信，往往會出現一種最糟糕的結果。該你相信的時候，你不信，不該你相信的時候，反而信之不疑。

投資市場有一種突破理論，突破一定有假突破和真突破。如果說你對突破理論沒有一以貫之地信任，時信時不信，往往會出現

這種情況：無數次假突破時你一直信任它，毫不猶豫地跟著它，一次一次地被迫止損。隨著假突破次數增多，如果你對體系沒有一種虔誠的信仰，總有一天，你一定會因為受不了假突破的折磨而拋棄它。當市場發生真正的突破，出現波瀾壯闊的大行情時，毫無疑問，你會和市場運動的巨幅利潤失之交臂。當初所有的付出，都變成了一種沉沒成本。

「信則靈」正是無論在什麼情況下，你都相信，一以貫之地遵守它的要求，信任它，甚至把它當做一種信仰。

十多年前，我應胡俞越教授的邀請，在北京工商大學做了一次講座，胡老師很認真地聽完了全部內容。晚上喝酒時，我問了胡老師一個問題：「胡老師，你覺得我講的這些東西對不對？」胡老師說：「你覺得它對就對，你覺得它不對就不對。」當時我對胡老師的這句話很不理解，覺得胡老師的回答太圓滑。現在想起來，我覺得胡老師是一個真正的智者。因為胡老師肯定通過我的問題，深刻地洞察到了當時我內心世界不夠強大。當我自己都不相信自己，因為別人的肯定或者否定而搖擺，我怎麼能持之以恆地堅持自己的投資體系，並把它付之於實踐呢？

有人說，不是因為有希望我們才堅持，而是堅持了我們才有希望，此言善矣！

我在交易員的培養過程中，首先會對大家提出一個要求—「愚忠」，無條件地相信我的投資體系和人格，我說的話，對的是對的，我說的話，錯的也是對的。

乍一聽，我的這個要求非常荒謬，愚忠是一個封建色彩極為濃厚的觀念，往往用在中國古代臣對君、日本武士道中武士對主公非理性的絕對服從、信任和忠誠。這種觀念和現代文明強調人的獨立思考精神、人格平等、思想自由的原則格格不入。

為什麼我有這樣看似苛刻、無理的要求呢？

我做了二十多年投資，雖然不敢說對投資的理解如何的登峰造極，但我所交的學費，我的經驗教訓，已經非常非常多了，我講的內容包含的思想，對於一個年輕人來說，讓他迅速、立刻理解是不現實的。

哲學家黑格爾說過一句話，「一句哲理在年輕人嘴裡說出和在老年人嘴裡說出是不一樣的。年輕人說的只是這句哲理本身，儘管他可能理解得完全正確。而老年人不只是說了這句哲理，其中還包含了他的全部生活！」

我自己本身也在做交易，日常交易壓力很大，平時也很忙，所以不可能長時間花精力向他們解釋我的投資體系為什麼能夠成立，讓他們先理解我的投資思想、投資方法，等他們相信了以後再去操作。我想，最簡潔有效的方法是，先相信這套投資方法，並且按照這套方法去操作，然後在實踐中去慢慢理解。這種看上去不太正常、讓人難以接受的方法，實際上反而是交易員培養的捷徑。

16 在金融投資市場裡面，有沒有人和你的觀點類似？

在《混沌操作法》裡，作者說到這麼一段話，「沒有任何交易

商，無論是機構或是其他什麼人，是在一個客觀的市場上從事交易，我們交易的是我們的信仰」。

這其實和我講的核心思想是一致的。實際上市場沒有內在的、不以人的意志為轉移的規律，你無法據此去預測市場價格變動，你交易的只是你自己信仰的思想體系而已。

17 「投資信仰」一般人很少關注，你談了很多投資成敗和信仰之間相互的觀點，請總結之，讓我們對此有更深入的理解。

平心而論，我之所以對投資信仰這個話題有這麼大的興趣，一方面確實是我長期投資生涯中感悟到了其重要性，另一方面，也得益于朋友的啟發。你的問題我沒有能力做出系統、深入的回答，國內著名投資思想家袁劍先生寫過一篇文章—《投資是一種信仰》，關於投資和信仰之間的關係，袁先生的論述入木三分，發人深省，我是寫不出來的。經袁先生同意，我把他的這篇文章放在下面，算是對你的回答，也希望對大家有所啟迪：

很多年以來，在世界頂級富豪雲集的福布斯排行榜上，巴菲特一直緊隨比爾‧蓋茨之後，成為這個世界上數一數二的有錢人。而在以投資為生的人當中，巴菲特則絕對是賺錢最多的人。因是之故，巴菲特成為投資領域當然的無冕之王——一個活著的神話。一個可以發財的神話，自然會吸引眾多的發燒友和模仿者，而試圖破解巴菲特神話的出版物更是汗牛充棟。有趣的是，無論人們怎麼虔誠地、一絲不苟地研究和模仿巴菲特，但迄今為止，仍然沒有出現第

二個巴菲特，甚至連這種跡象也沒有。難道，巴菲特真的是難以模仿的嗎？

由於有無人企及的投資紀錄，巴菲特的發燒友和研究者們傾向于神化巴菲特的投資過程。雖然巴菲特在選擇投資物件時的確有自己非常獨到的標準，但這些顯然屬於技術層面的東西，應該完全是可以複製和模仿的。既然可以模仿或者複製，那麼，早就應該出現巴菲特第二、巴菲特第三、巴菲特第N了。但事實證明，這種情況並沒有出現。可見，所謂巴菲特神化絕不僅僅意味著某種技術層面的標準（哪怕這種技術再複雜），而是有著更加個人化的玄妙因素隱藏其中。那麼，這些不可捉摸的因素究竟是什麼呢？

仔細檢視巴菲特的投資哲學，我們就會發現，巴菲特的投資哲學其實異常簡單，那就是價值投資。說得更清楚一點就是，利用市場的錯誤，在價格低於價值的時候買進並長期持有那些有價值的股票，而從不理會市場的波動。

按理說，這種簡單明瞭的投資原則應該是絕大多數人都可以理解的。至於如何判斷市場是否出錯，如何判斷公司價值，則完全可以跟著巴菲特依樣畫葫蘆。然而，即便你認同了這種投資哲學，也完全克隆了巴菲特的投資技術，你恐怕也很難成為巴菲特。因為，就像所有的投資理論一樣，巴菲特這種看上去無比正確的理論並不是無懈可擊的。一個簡單的理由是，你根本無法判斷市場出錯的程度以及市場出錯的期限。比如一隻值 10 元一股的股票，你在 8 元買進，但這檔股票繼續下跌至 1 元一股。多數人恐怕很難忍受。不

僅如此，如果這檔股票徘徊在 1 元的時間不是一天兩天，而是一年兩年，甚至十年二十年。此時，如果你有幸沒有發瘋，恐怕也很難再認同巴菲特的投資原則。因為在這個時候，你的時間成本正在趨向無限大。30 歲時犧牲你可能得到的大部分消費，傾其所有買進一檔股票，等到你 80 歲的時候，讓你成為億萬富翁（還僅僅是一種可能），或者乾脆在你死後讓你成為億萬富翁，你會作這種選擇嗎？顯然不會。除非你買進這檔股票是為了驗證某種真理，而不是為了賺錢。不要以為這種「市場錯誤」只是小概率事件，只要你真正置身於市場，你就會瞭解，這種錯誤不僅不是小概率事件，而是經常發生的高概率事件。甚至你索性就已經置身於一個錯誤的市場之中，比如中國股市，經常被這種讓人沮喪而痛苦的投資「經驗」所包圍，你如果還能堅守巴菲特的理論，那你可能已經接近巴菲特，但這並不能保證你能夠投資成功。因為你可能沒有巴菲特那樣的運氣。事實上，即便是置身於美國這個有效市場的巴菲特，也肯定經常遇到類似的處境。在這個時候，我相信，巴菲特已經不再是憑自己和人類有限的理性在投資，而是在憑藉一種信仰在投資。換句話說，巴菲特必須憑藉對個人投資原則宗教般的虔誠才能夠堅持下來。

在這個意義上說，任何一種投資原則，不在於你是否掌握了它，而在於你是否真的「相信了」它。有人說，巴菲特的時間成本為零。在我看來，這真正洞悉了巴菲特的秘密。一個時間成本為零的人，顯然是一個信徒，是一個遠離人性而接近神性的稀有動物。

信仰不能保證你的世俗成功，但卻能保衛心靈的安全。巴菲特很幸運，既維護了自己的心理健康，又獲得世俗的巨大成功。但顯然，巴菲特本身只是一個偶然，一個小概率事件。這就注定了，我們這些俗人很難成為巴菲特。即使你能夠完全模仿巴菲特，你也很難像巴菲特一樣幸運。因而，我們無法成為巴菲特。

克爾凱郭爾說：「你怎樣信仰，你就怎樣生活。」用在投資生活中，這句話可以變成「你怎樣信仰，你就怎樣投資」。誠哉斯言。因為有限的人類理性根本就無法隨時隨地地指引和保護我們。無論人類理性看上去多麼強大，多麼完美，我們依然生活在不確定之中，而惟一能夠戰勝這種不確定性的，絕不是什麼高深精妙的理論，而是簡單的信仰。

馮友蘭先生在《中國哲學簡史》中提到人生有四個境界：自然境界、功利境界、道德境界、天地境界。從古至今，從人生到投資，這是一個萬古恆新的話題。這四種不同人生境界的區分，或許對投資者人生修煉、精神境界的提升會有啟發。

在《理想國》中，柏拉圖說，哲學家必須從感覺世界的「洞穴」上升到理智世界。哲學家到了理智世界，也就是到了天地境界，也叫做「宗教境界」。從「自然境界」到「天地境界」，從某種意義上說，就是一個投資者試圖掙脫盲目複雜、強行思考和操作帶來的羈絆，追求一種簡單、自覺、自然的投資境界。

當然，在馮友蘭先生看來，因為，宗教只求人之信仰，不叫人洞察，沒有洞察便是無明，無明便是無覺解，無覺解便不可能有天

地境界。所以，「宗教境界」的信仰還是比「天地境界」的智慧要略微差一些。

投資是一種信仰，並不是我想把自己的投資活動引向神秘主義，而是在我理解了投資既是一門科學，又是一門藝術之後，長期積累思考的一種人生感悟。這是我未來投資人生的力量源泉和精神支柱，不管它是宗教信仰還是哲學智慧，對我的生活和交易而言，都有深遠的意義和巨大的價值。

投資是一種信仰①

沒有人給我們智慧，

我們必須自己找到它

——這要經歷一次茫茫荒野上的艱辛跋涉。

——馬塞爾·普魯斯特

有信仰的人，

他內心有一桿秤，

在交易中不會迷茫。

——壽江

---

① 本文是記者張利靜對壽江專訪，2016 年3月14日刊於《中國證券報》。
編按：文中《十年一夢》為《作手：獨自徘徊天堂與地獄》簡體字版書名。

「十年故事」跌宕起伏

2016 年早春，在《十年一夢》出版十年之後，記者與同事在北京南城的一座不起眼的寫字樓裡，拜訪了壽江投資公司。公司大約十來間辦公室，環境簡單整潔，幽靜樸素。壽江先生四十多歲，看上去清瘦斯文，眼光炯炯有神。

在人們津津樂道的期貨群英中，壽江這個名字並不陌生。

2005 年，一本《十年一夢——一個操盤手的自白》，以交易箚記的形式剖析了一位期貨投資者的心路歷程，也將壽江其人帶進了數以萬計期貨投資者的視野。

「我最早瞭解到《十年一夢》與壽江先生，緣起於一個期貨資產 *1* 個多億的前輩推薦的書單。這位前輩將《十年一夢》反復閱讀了數十遍，就如同壽江在《十年一夢》裡說的將傑西‧李佛摩的《股票大作手回憶錄》閱讀無數遍一樣。」一個在期貨交易中頗有成就的投資者說。

最近幾年，人們在談論期市江湖時，總是不經意間聯繫到金庸先生筆下的數位有名堂的人物形象，比如東邪、西毒、南帝、北丐等等。壽江其人，則不禁讓人聯想到《射雕英雄傳》中，那位黃蓉一直念念不忘、脾性相投的「二師父」—朱聰。

朱聰，外號妙手書生，斯文的外表下暗藏絕技與殺氣，重道義而輕禮教，兵器是一把破油紙扇的扇骨，善察機關，盜術天下無雙，獨創「分筋錯骨手」，後傳于郭靖。

「我是個天性散漫的人，從上學、工作到進入投資市場相當長

一段時間，都不太願意受過多的約束，也討厭那些讓人規規矩矩的條條框框。」壽江在其書中稱，自己年輕時候對古代魏晉風流名士頗多傾慕，只是隨著歲月流逝，待人接物的態度才逐漸從原來的漫不經心、孤傲激進變得相對嚴謹、穩健。

但在交易上，壽江稱自己至今仍然屬於進攻型的、風險偏好較高的風格。

在投資理財領域，二十年間，大大小小的出版社所推出的暢銷書層出不窮，然而經得起時間和市場檢驗的，《十年一夢》是為數不多的經典之一。從「327」國債一夜暴富到兵敗蘇州紅小豆、激戰海南咖啡，在中國期貨市場野蠻生長前十年中，壽江以己身的笑和淚還原了這段歷史的血肉。在歷經無數輸贏起伏的掙扎之後，他對於徘徊在天堂和地獄之間的交易心路歷程做了入木三分的刻畫，這是眾多期貨投資者的共鳴所在，也是《十年一夢》經久不衰的原因。

天地不仁，以萬物為芻狗。這種閱盡滄桑的感受，在期貨市場無疑被放大了好多倍。

在《十年一夢》中，有好幾個令人印象深刻的故事。比如，和許多擁有戲劇人生的期貨投資者一樣，1995 年，壽江在大起大落中第一次見識了期貨投資的殘酷。1995 年 2 月 23 日，持有 9000 多手國債期貨

327 合約、後又追加 5000 手的他度過了人生中最為濃墨重彩的一天——一天暴賺 690 多萬；5 月份，幸運女神再次光臨，國債期

貨被叫停推漲國內股市，他手中被套牢的股票直沖雲霄。6、7月份，壽江開始踏入國內商品期貨市場，而 8 月份蘇州紅小豆大戰，巨額虧損又將他從天堂拽入地獄。

「上窮碧落下黃泉，這一年我的命運像過山車一樣急劇變化，我獨自一人徘徊在天堂和地獄之間。」壽江說，爾後數年，自己一直在爆倉和東山再起之間顛簸起伏。

「雖然我的第一次期貨投機並沒有賺到多少錢，但這種事一個人只要幹了一次，就像上了賊船，想下來就不容易了。」他說。

現在，距他的「十年一夢」已經又一個十年過去，如果有什麼能夠記錄他這十年的新變化，大概可以從以下兩個名字中發現蛛絲馬跡。

從傑西·李佛摩到康德

有人說，期貨交易中，決定每一個人輸贏的模式就在他自己內心裡面。在古希臘德爾斐的一座古神廟前，巍然矗立的一塊石碑上鐫刻著一句象徵最高智慧的阿波羅神諭：「認識你自己」。壽江正是這樣一個向內尋求的人。

傑西·李佛摩，《股票作手回憶錄》作者。康德，德國古典哲學創始人。看似不搭邊的兩個人卻貫穿了壽江的投資生涯。

「一個新手和一個高手對待市場交易的態度肯定不同，投機者的精神態度和交易策略實際上是和他對市場的認識水準密不可分的。」壽江說，當自己在一條通往地獄的道路上越走越遠時，是傑

西・李佛摩將自己拉了回來。

只向根本求生死，莫向支流問濁清。「傑西・李佛摩讓我從一個短線交易者逐漸變成一個中長線交易者，一個自覺的趨勢交易者。我不再沉溺於短線交易，盡一切可能在綠豆、大豆、橡膠、銅等市場中尋找趨勢，順勢操作。」

2005 年，大宗商品市場超級牛市週期開啟後，壽江在進一步完善自身交易體系的同時，對內的探尋也更進一步—總結自己的交易歷史、個性特徵，以及對市場的運動規律進行系統化研究，逐步構建起了相對比較完整的交易思想和體系。

用壽江的話說，正是在康德哲學的引導下，自己才走上構建自身投資思想和理論體系的道路。在新的「十年故事」中，壽江非常重視個人修養、人生境界對交易的影響。此時的他，已經將「一定要有信仰」的理念納入自己的交易體系之中。他認為，期貨交易中投資者的多空博弈，本質上是不同投資信仰的人之間世界觀的廝殺。

康德認為，世界的本質是不可知的，我們只能通過現象去觀察、理解物自體。認識不是自然的被動反應，而是主體通過理知、概念主動的構建和創造。康德提出人為自然立法，壽江將其進一步推演：作為一個投資者，人應該為市場立法。所以他提出了自己的投資哲學—投資的思想、理論、信念決定市場觀察和操作。

「多空觀點上的差異，實際上反映的是背後看盤的人觀點、信仰不同。投資的信仰具有排他性，有信仰的人，他的觀點是單純

的，他的意志是堅定的，從生活習慣到為人處世都具有一致性。他遇到選擇也不會迷惑。但知識和信仰不一樣，單純具有知識的人仍然容易陷入矛盾和糾結。」他說。

在壽江自己看來，他的投資理論既不是正統的價值投資理論，也不是傳統意義上的技術分析理論。他的投資哲學源於康德思想，投資理論中的趨勢概念既不源於、也不同於道氏理論中的趨勢，而是源于中國古代智慧；其趨勢演化中的結構概念，則得益於諾貝爾化學獎得主普裡戈金的耗散結構理論。他開玩笑說，如果有一天自己能夠構建起完整的投資理論體系的話，也許可以稱作思想派。

老子說，治大國，若烹小鮮。期貨交易也不例外，壽江用做菜的例子闡述他當下的期貨交易理念，「比如做菜，每一個食材本身都很好，但亂七八糟什麼都往裡面放就不好吃了；把每一個菜分開，乾乾淨淨、明明白白，就不一樣了。單純的眼睛看到的是簡單的世界，複雜的眼睛看到的是混亂的世界。」

壽江十分強調交易體系的構建，尤其是交易邏輯的完整性和一致性。他認為交易的失敗很大程度來源於交易思路和邏輯的混亂，缺乏嚴整的交易體系。為什麼期貨交易這麼難，大多數投資者遭受虧損？究其根源是交易者的世界觀、價值觀不能解釋混沌的市場，不適應成功投資的規律。

「在投機市場，有些人即使短期賺錢，但其內心世界是虛弱不安的，眼神是迷茫的，對未來是缺乏信心的；而有些人即使階段性做得不好，其思路是清晰的，目標是明確的，眼神是淡定的，內心

是平靜的，對未來是胸有成竹的。眼光、境界的差異決定了每個人不同的期貨人生。」壽江說。

四十歲後的造夢計畫

今年 1 月份，擁有 4 萬多粉絲的壽江在其微博上刊登了這樣一則消息：「壽江投資於 2015 年 6 月發起首期交易員訓練專案，目前進展良好，第一批學員經嚴格考核，具備基本專業投資能力。由此啟動第二期交易員招募。年齡要求 30 歲以下。」

不同於當前市場上各種熱鬧的期貨培訓專案，壽江要做的，是培養自己的投資隊伍─能夠自主決策的基金經理。

「一些參加別的培訓活動的人苦惱地告訴我，原來還會掙錢，但培訓完之後卻只會虧錢，不會賺錢了。」壽江說，某些培訓機構聘請了很多教授、老師，他們各有各自的思想和經驗，從屬於不同的投資流派，但是無信仰的博學多才反而會讓投資者在金融市場陷入迷茫和混亂，無所適從。

「每個交易高手對市場都有自己的理解，也需要向他人學習，但不加揀擇地吸納，反而會把自己的世界觀、價值觀破壞掉了。因此對於別人的東西，如果我們不能將其融入我們自身的投資體系，我會非常謹慎。一個人腦子裡灌輸了太多知識之後，他永遠在取捨，永遠在選擇。」他說。

「我要打造一個團隊。」壽江說，這是當前自己花費很多心血和精力在做的一件事情。對於做這件事的初衷，壽江解釋說，「我

自己做了二十多年交易，已經基本建立了一套相對完整的投資哲學、理論體系，能不能把這樣一種體系進行複製，是我最感興趣的。這件事做成了，對我而言也是人生價值的一種實現。近兩年金融市場動盪十分劇烈。無論公募也好私募也好，清盤的基金很多，這是客觀事實。所謂的投資大佬們這兩年壓力也非常大。畢竟中國金融市場只有二十多年歷史，還不成熟，無論從促進市場發育還是為投資者提供專業服務的角度，中國金融市場的投資人才，尤其是期貨投資人才，在數量和品質上都遠遠達不到要求。短期化、零散化的投資培訓不能解決這個問題，我們需要採用長期化、系統化的方式，培養自己的基金經理。」

壽江的徒弟之一——武林是公司最早招募的學員之一，大學畢業之後一直從事建築行業，由於不看好建築行業前景，在家人支持下轉而進行期貨投資。經過半年多的培訓，他已經逐漸上手實盤交易。

「我今天操作的黑色品種，我只是根據我們的投資體系，發掘合適的買賣信號並進行交易。來這裡之前，我的交易是雜亂無章的，像盲人摸象，錯不知道為什麼錯，對也不知道為什麼對，經常陷入困惑糾結之中。現在我就算虧損了，也知道該如何評判對錯，能坦然接受合理的虧損。」武林在接受採訪時說。「《十年一夢》出版以後，跟我交流的投資者很多。他們有很多困惑，想依靠自身的努力走出困境，達到一個比較高的格局和境界。建設團隊這件事，從另外一個角度看，可以幫助年輕人從中小散戶變成職業投資

人，走出交易的泥潭。」但壽江強調，前提是對方要接受自己的投資哲學、理念和體系，否則的話，道不同不相為謀，沒有交流和共同發展的基礎。

「他們要在實戰中積累經驗，我們計畫是給隊伍三到五年的成熟期，站在公司的肩膀上『下山』，但要『下山』並不容易，一兩個星期、一兩個月完全不足以改變他原來的思維方式和行為習慣。」壽江說，像玩電子遊戲打通關一樣，學員達到能駕馭 2000 萬資金規模的時候，才算基本成熟。

「與股票市場不同，期貨市場是開放的國際化市場，有色金屬、貴金屬和農產品，除了玉米小麥，一開始就和國際市場接軌，這要求期貨投資者具有國際視野。公司現在已經有外盤交易頭寸，希望未來打造一支能夠涵蓋多市場、多品種、多工具的投資團隊。」壽江表示，自己非常看好未來中國資產管理行業的前景。

附錄二

《十年一夢》話歸來[1]

①本文是對壽江的專訪稿，作者江南，2012 年 8 月 11 日刊於《第一財經日報》。
編按：文中《十年一夢》為《作手：獨自徘徊天堂與地獄》簡體字版書名。

2005 年，一本叫《十年一夢——一個操盤手的自白》的書橫空出世。這不是一本講述成功者獲勝經驗的書，它更多的是記錄了一名操盤手天堂和地獄間來回穿越的經歷，將期貨交易的魅力與艱辛、喜悅與痛苦、成功與失敗，與投資者分享。

而恰恰是這樣一本書，沒有高談闊論的說教，卻激起了千萬讀者的深深共鳴。它被譽為中國版的《股票大作手回憶錄》，幾乎所有從事過期貨交易的投資者，都能在這本書裡找到自己的影子。

今年 4 月，這本書的第八個修訂版問世。7 月，記者在上海專訪了作者壽江先生。

壽江 1985 年考入北方交通大學，1992 年獲得北京師範大學哲學碩士學位。畢業後，他放棄了北京某高校任教的機會，選擇了投資之路，於 1993 年初踏入股票市場，1994 年開始從事期貨交易，是國內最早的一批期貨投資者。在近 20 年的職業投資生涯裡，以《作手：獨自徘徊天堂與地獄》為分水嶺，壽江稱自己經歷了不斷瞭解市場、瞭解自我的動態順應過程。

1993-1995 年：初識市場，單純

1993 年初，壽江出任一家國有企業職業操盤手，進入股票市場，1994 年涉足國債期貨交易。與許多投資者一樣，剛邁入市場時，都是意氣風發，躊躇滿志，把市場看作一個賺錢可以信手拈來的地方。同時，投資新手與駕駛員新手也有相同之處，在享受駕駛的新鮮感與興奮感的同時，相對比較小心謹慎，對交易原則保持著

單純的恪守。

在 1993 至 1995 這三年裡，壽江認為自己對市場的認識是單純的，對交易的把握也是相對單純的，懂的不多卻無意中契合了市場投資的基本原則，交易結果尚可。而正是不明其因的初戰告捷，給日後的交易失敗埋下了禍根。

1995-1999 年：對抗市場，複雜

在經歷了前三年的「勝利喜悅」之後，壽江開始全面介入商品期貨市場。

他回憶說，「無知者無畏」是那幾年的最真實寫照。曾經賺了點錢，就誤以為自己掌握了期貨市場的規律，掌握了期貨交易的要領，從而開始驕傲自大起來，仿佛一個駕齡兩年以上的駕駛員，以為自己什麼都懂了，交通事故的威脅接踵而來。

這幾年，壽江的交易結果大起大落，真正體會到了「獨自徘徊在天堂和地獄」的煎熬，總體交易可以概括為：大膽大於謹慎、感性大於理性、盲目大於自覺。

1999-2005 年：敬畏市場，謙卑

從 1999 年開始，國內商品期貨市場進入整頓階段，交易逐漸變得冷清。壽江在品嘗了前幾年的大起大落之後，開始自我反思：期貨交易到底是怎麼回事，有沒有成功的投機之路？這是一個很難回答的問題。許多職業投資家終其一生，也沒能概括出一條絕對通

往成功的投機之路。壽江重新對市場變得敬畏,將自己從 1993 年入行後的投資心路歷程逐一梳理,認真總結,最終於 2005 年完成了《十年一夢》。

2005-2010 年:剖析市場,理解

2005 年,伴隨著大宗商品超級牛市週期的開啟,期貨市場迎來了春天。壽江帶著前十多年的經驗教訓,期貨交易跨入新的臺階──通過對自己的交易歷史、個性特徵、市場的交易規律等系統化研究,逐步構建起了相對比較完整的交易思想和體系。

壽江十分強調交易體系的構建,尤其是交易邏輯的完整性和一致性。他認為交易的失敗很大程度來源於交易邏輯的混亂,缺乏嚴整的交易體系,而追究到根源,則是交易者的心性、品性等問題。

2010 年至今:順應市場,心安

近兩年,中國期貨市場邁入了真正的大發展時期。隨著交易者的逐步成熟,機構投資者的漸漸崛起,期貨市場的行情特徵也在發生著明顯的改變。

壽江表示,這兩年他的投資心態逐漸轉向平和,投資思想繼續完善,慢慢從一個追求高風險、高回報的期貨交易員向穩健、理智的期貨資產管理專家的角色轉型。

他說,期貨交易的技術和知識,也許學一兩年時間可能就夠了,但是,投機者要培養一個穩定、良好的心態,在修養和境界上

達到高瞻遠矚、超凡脫俗，即使花上十年工夫，也不算多。而投機市場高手之間的較量，絕不是技術水準上的較量，恰恰是投資哲學的較量、心態和境界的較量。從近 20 年的感悟中，投機之道是一個從感性到理性、從局部到整體、從盲目到自覺、從理性到超然的遞進過程。

記者：您的書《十年一夢——一個操盤手的自白》受到許多投資者的喜愛，不少人將它列為期貨入門必讀教材之一。既然被看作了入門教材，您對剛剛踏入這個市場的投資者有什麼想說的嗎？

壽江：南懷瑾先生有三句話對我很有啟發。他說，人不可犯三種錯誤：德薄而位尊；智小而謀大；力小而任重。回顧我的投資經歷，我發現我剛剛入道時，恰恰遭遇了這樣的情形。我在1993年擔任一家國企操盤手後，1994 年就帶著企業的500萬資金到過上海。當時上海浦東還是一片工地，楊浦大橋剛剛建好。上證指數當時在400點左右，我買入股票後，又跌到了320多點，最多被套20%多。雖然後來又漲起來了，但那時的投資是不成熟的。現在來看，金融市場是一個競爭非常殘酷的市場，對投資者的要求非常高，而那時國內市場還處於比較封閉的階段，自己是很偶然地被推向了市場的前沿。其實自己當時是不勝任那個崗位的。這就是南懷瑾所說的「德薄而位尊；智小而謀大；力小而任重」。這對自己和企業都是不負責任的。

因此，對於初學者來說，我建議不要像我這樣，一開始就得到很大的一筆資金，從「大錢」向「小錢」做，付出許多不必要的代

價。而應該反過來，從小資金做起，逐步積累經驗，認真總結交易歷史，進而構建適合自己的交易體系，待各方面相對成熟之後，根據條件允許再考慮擴大資金規模。

記者：在您最近的演講中，您提到交易者的交易境界的比拼是決定勝負的關鍵。而不少投資者認為交易勝負的關鍵在於能否做對行情，因此行情研究和交易技術才是關鍵。對此您怎麼看？

壽江：這是一個很複雜的問題。金融投機是一個令人著迷的遊戲，在股票、期貨交易史上，不少科學家、賭徒一直殫精竭慮地創造、發明各種理論工具和技術，希望探索到金融市場的運動規律，找到成功的投資之路。從而產生了各種各樣的市場交易方法或流派：「跟著感覺走：感性交易」、「基本分析(內在價值理論)」、「傳統技術分析」、「市場隨機理論」、「市場迴圈理論」、「神秘主義流派」、「量化投資理論」、「心理、行為金融學」等。

實際情況是，期貨市場只有不到5%的人在長期盈利。這是為什麼呢？我覺得，市場價格運動是一個非線性的不確定過程，其中隱含的規律性、必然性的捕捉和把握非常困難。科學的思維方式把市場當做一個純客觀的研究對象，以為通過對市場歷史資料的統計就可以預測市場、戰勝市場，這是一個誤區。

我在一次演講中曾經講到：「交易績效的穩定，並不是技術的問題，而是放棄的學問」。我說的交易境界是指投機者在洞悉了技術層面的局限性以後，有了自己的投資哲學和思想體系，通過構建

相對合理的交易策略和風險管理方法，在交易世界放棄完美，進退有序，淡定從容的心境。

記者：按您這麼講，您認為交易者自己的問題是什麼？

壽江：交易者自己的問題往往是大多數交易者失敗的根源。我的書實際上就是在講交易者包括我自己存在的各種問題。中國古人說：四十不惑。康德說：40歲是人生獲得新生的開始，從此以後，人才有真正的性格。這些話的意思都是在講，人在年輕時容易受到本能和欲望的支配。而期貨交易恰恰是反人性的。許多交易者禁不起市場的誘惑和內心的貪婪，試圖抓住每次價格波動，看似聰明，實則愚笨。還有許多交易者由於貪婪和一廂情願，重倉出擊，一次意外便虧得傾家蕩產。還有許多交易者在被套時心存僥倖而不願止損，最終慘敗出局。此外，還有一種常見的問題是：自大和因賺錢而產生的驕傲。賺錢會讓人情緒激昂，從而造成自己對現實的觀點被扭曲。賺的越多，自我感覺就越好，也就容易受到自大情緒的控制。這個問題如果解決不好，很容易讓以前獲得很大成功的人最終破產。

記者：那麼，您認為一個優秀交易者應該具備的交易境界是什麼？

壽江：我的一個朋友說，期貨投資與其說是技術，不如說是藝術；與其說是賭博，不如說是拼搏；與其說是做盤，不如說是做人。每一張單都透射出人性的色彩，品性的貴賤。我認為一名優秀的交易者應該具備平常心、耐心、勇氣和堅韌。平常心是指期貨、金錢只是生活的一部分，期貨交易只是一個遊戲，需要輕鬆、灑脫地玩。耐心

是指等待交易機會的耐心和持倉的耐心。勇氣是指入市的勇氣和持倉的勇氣。堅韌是指屢敗屢戰、鍥而不捨的決心和自信。

而從優秀交易者的行為特徵來講，我認為可以用《孫子兵法》上的「風、林、火、山」來形容。《孫子兵法·軍爭篇》說：故其疾如風，其徐如林，侵掠如火，不動如山，難知如陰，動如雷霆。「其疾如風」指軍隊行動快速如風。「其徐如林」指軍隊行動緩慢時，猶如嚴整的森林，肅穆寧靜。「侵掠如火」指進攻敵人時，像燎原烈火，猛不可當。「不動如山」指部隊駐守時，像山嶽一樣，不可動搖。

記者：讀您的書，最大的感受是期貨交易的辯證性。您也多次說，期貨投機很難說有一個必勝的秘笈。那麼，一個能在期貨市場長期生存下去的投資者，他最需要注意的問題是什麼？

壽江：確實，期貨投資屬於追尋市場規律的遊戲。而市場規律與自然規律的差異在於：自然規律可以重複，社會、市場規律一旦被發現就會消失。這正是期貨交易的艱難所在。我認為一個投資者要在期貨市場長期生存下去，最重要的是處理好自己與市場的關係。樂觀主義者認為，市場是可以戰勝的，可以操縱的；悲觀主義者認為，市場是不可戰勝的。

而正確的關係應該是：投資者主動順應市場，不斷提高自我人生境界以適應複雜動態的市場變化。這一點落實到交易理念上，就是主動順應市場趨勢的發展變化。中國的古代智慧對此有很好的表達：「天下大勢之所趨，非人力之所能移也」。孟子也說：雖有智

慧，不如乘勢。而從我近 20 年的投資經歷看，也是經歷了這樣一個逐步認識自己，逐步順應市場的過程。

記者：您多次談到順應市場，可以更深入地向投資者闡釋一下嗎？

壽江：順應市場如果落實到交易操作上，是一個很實在的概念。我們可以用國共兩黨30 年鬥智鬥勇的過程來做一個類比。一開始，我們處於「敵強我弱」的狀態，採取遊擊戰，「敵進我退、敵駐我擾、敵疲我打、敵退我追。」這種操作屬於靈活短線交易。接下來犯了「左」傾冒險的錯誤，頭腦發熱，錯誤評估敵我關係，導致反圍剿失敗。這屬於逆勢重倉交易。然後開始萬里長征，歷盡艱難、被迫保存實力。這屬於主動風險控制。再後來建立延安根據地：休養生息、養精蓄銳、反思總結。這屬於順勢輕倉交易。最後進入戰略進攻階段：條件成熟、戰略準備充分、趨勢明顯。這屬於順勢重倉操作。

可以說，這一段中國戰爭史，類似於一個投機者逐步順應市場從而取得成功的過程。把握好了順應市場的理念，從長期來看，交易者終會取得成功。

在投機市場，有些人即使短期賺錢，志得意滿表像下其內心世界是虛弱不安的，眼神是迷茫的，對未來是缺乏信心的；而有些人即使階段性做得不好，其思路是清晰的，目標是明確的，說話是低調的，眼神是淡定的，內心是平靜的，對未來是胸有成竹的。眼光、境界的差異決定每個人不同的期貨人生。

附錄三

尋找適合自己的路[①]

[①]本文是壽江為《金融交易學——一個專業投資者的至深感悟》一書所作的序言。

澄明之境

投資家 *1973* 先生花了 *13* 年的時間探索市場交易的奧秘，終於寫出了這部《金融交易學——一個專業投資者的至深感悟》。閱讀了全部書稿以後，我隱隱約約從中看到了自己當年探索期貨交易的某些印痕。應該說，他的這一段心智歷程，我是感同身受。我非常欣賞他說過的這樣一句話：這本書不僅是寫給別人看的，更是寫給自己看的。

確實，交易之路不僅是一個認識市場、理解市場的過程，更是一個認識自己、戰勝自己的過程，任何一個成功的交易員都必然有這樣一個歷程，就像《十年一夢——一個操盤手的自白》中所說的，這是一段非走不可的彎路。但是，這條路的終點並不是發現一個一勞永逸的交易聖杯，而是在詭譎多變的市場中發現自己的有限性以及可能性，找到適合自己的交易之路。

確實，如果一個交易員能在震盪行情中低買高賣，趨勢行情中又能牢牢地抱住倉位不動，獲得凌厲行情的超級利潤，最好還能順便做做日內短線交易，利潤回報率會有多高？這當然是我們每一個期貨交易員夢寐以求的事情：十八般武藝樣樣精通，打遍天下無敵手。可惜的是，

當投機者試圖追求這樣一條理想的成功之路時，精彩的期貨故事就開始了—當然，根據我的經驗，故事的結局往往是悲劇，而不是大家事先想像的喜劇。

應該說，*10* 多年前，我就意識到了如何才能從期貨交易中賺到錢。

《作手：獨自徘徊天堂與地獄》中曾經提到過我的三次思想和心理上的自我超越，其中第一次就是：只做自己有把握的交易。什麼是自己有把握的交易？早期自己交易的經驗和模仿別人成功操作的案例，讓我意識到，一個人只要等到相對靠譜的機會出現後，抓住市場隨後可能出現的重大趨勢機會，耐心持倉就可能賺到大錢。

我參與的國債期貨和早期咖啡交易，都有過這樣氣勢磅礴的趨勢行情，看起來多麼單純、多麼陽光？但是，我當時頻繁地買進賣出的結果卻是什麼也沒有得到。作為一個職業的期貨交易員，我和大多數人一樣，當時有這麼一個疑惑：如果我們只在自己有把握的時候才操作，那麼，由於趨勢行情的稀缺性，在沒有大行情的大多數日子，我們坐在電腦顯示幕前一直看著行情而不動，期貨交易是一件多麼單調乏味的事啊！

日常行情機會是那麼多，一會兒上去，一會兒下來，波動幅度有時極為驚人，難道這些利潤真的是鏡中花、水中月，絕對把握不住？事後看來未必盡然。我想之所以應得的利潤沒有得到，原因在於一是經不起市場的誘惑，二是內在野心太大並且無知，我開始了企圖打敗市場的多種交易方式結合的嘗試：日內也做、中線也做、順勢也做、逆勢也做，等等。只要有機會，我就撲上去，希望大賺一筆。結果怎麼樣可想而知。

有好幾年時間，我迷失在探索市場價格波動複雜性的大海中，在期貨交易中走了一段長長的彎路。我的期貨生涯之所以可能比別人曲折一些、坎坷一些，問題的核心就是一企圖追求一種綜合性的

完勝市場的策略。其實，作為一個人，也許很難構建一套適合所有市場狀態的完美的交易風格。一般說來，我遇到的成功的交易者，其交易風格往往比較單純，大約可以分為下面幾種模式：日內交易；幾天之內中短線波段交易；長線趨勢交易；系統交易等。好像還未遇到過全能型的交易員。

　　每一個投機者應該瞭解自己的思維和個性特點，形成自己最得心應手的交易風格。在十百般武藝中，精通其一，結果遠比樣樣會、樣樣不精好得多。如果以「滔滔江水，只取一瓢」的心態來要求自己，對待市場機會，保持一個平和的交易心態，我們的期貨投機之路可能會走得更加平坦。我認為，在充滿誘惑的期貨市場，保持平和及謙卑，只追求屬於自己的利潤，確實是一種令人敬佩的精神境界。

壽江

2010 年 3 月 1 日

附錄四

期貨交易的智慧與境界①

①本文是壽江為《期貨投資的命門》一書所作的序言。

澄明之境

最早知道文竹其人，是幾年前讀了他那篇網上廣為流傳的期貨美文—《期貨人生—之學習態度》。文章寫得是激情四溢，哲學思辨、文學才情和期貨感悟交相輝映，奇特地熔於一爐，令人嘖嘖稱奇。當時我心中暗自納悶，這是誰寫的文字？文竹居士何許人也？

其實，真正讓我對文竹刮目相看的不是他的那篇期貨美文，而是他寫的另外兩篇文章：「從實戰案例談交易系統」和「備戰2006：如何捕捉大行情」。和那些誇誇其談、思路混亂、自以為是的文章相比，這是兩篇真正貼近實戰交易，很見作者功力的作品。我沒有想到，作為實際操盤手的我和一個期貨分析師竟然心有戚戚焉，市場感悟驚人相似。因為想和文竹交個朋友，我的那本《作手：獨自徘徊天堂與地獄》出版以後，特意給他送了幾本書，從此我們相識。

國內期貨市場正面臨重大的發展機遇，但是，能夠切實幫助投資者認識期貨、瞭解期貨交易的書籍，除了從國外翻譯過來的一些作品以外，國內作者寫的卻是少之又少。兩年前，我在《作手：獨自徘徊天堂與地獄》出版時曾經答應讀者，儘快推出自己的另外一本書—《期貨交易的策略和技巧》。遺憾的是，一是交易確實忙，二是寫書實在是件苦差，何況又不是我的主業，所以至今我的那本《期貨交易的策略和技巧》尚未徹底完稿，沒有兌現當初的承諾，這是我要向那些無數次來電、來信催問的讀者朋友們致歉的。

現在，文竹寫的《期貨投資的命門》一書即將出版，我通讀了全書，覺得這是一本對投資者確實有用的好書。一是作者用心在

寫，而不是為寫書而寫書；二是作者雖然謙虛地把自己定位為期貨分析師，但書中的議題已經涵蓋了實際操作的方方面面，包括投資的理念、進場的規則、出場的藝術、資金倉位元管理等等，這些部分討論的問題已遠遠超越了簡單的市場預測、分析的範疇，而是實際交易者時刻面對的最核心難題；三是這本書介紹的期貨交易知識，不是教條主義的本本，而是融入了作者自己在期貨交易中的體會、感悟和取捨。就像作者所說的，「這是一本幫助讀者形成適合自己的投資理念、培養在期貨市場上賺錢能力的書。」

師傅引進門，修行靠自身。

期貨投機不是一門科學，也不是一個純粹的智力遊戲，而是一個主體的實踐操作過程。這裡面既有說得清楚的關於市場理解、交易原則、策略工具等方面的知識，就像文竹書中所寫的；又有許多涉及投機者個體性格、心理、意志、品質等方面人性的因素。

前一方面解決的是一個市場交易的基本思路問題；後一方面強調的是一個投機者應該具備的基本交易態度、心理素質問題。我以為，市場交易的成敗，投機者在金融領域的最終命運，深層次的原因更多還是取決於投機者的心理、精神、人生態度等主觀方面。

市場交易基本思路的確立是投機交易成功的基礎。這兩年我在全國各地的講課，包括在北京大學的講座，都圍繞著這個核心展開。如果一個投機者在理論上都解決不了如何在期貨交易中贏利，那在實際操作中，又怎麼可能有出色的表現呢？

　　在期貨交易中，大多數市場參與者沒有穩定的思維和行為模式，投機者對於同一個品種，一會看多買進，一會看空賣出。缺乏明確一致的標準和依據。從一個旁觀者的立場，你很難判斷某個人下一步會做什麼方向的交易。賺得稀裡糊塗，虧得莫名其妙。顯然這種混亂無序、漫無章法的操作手法，註定了任何一次交易結果的好壞必然被運氣所支配，具有很大的偶然性。

　　而一個交易經驗豐富、市場理解深刻的投機者，在經歷了長期的摸索和嘗試以後，往往能夠建立起自己的交易模式、套路，具有明確的交易思路和交易風格。其思維和行為方式具有邏輯性和前後一致性。在市場出現重大變化時，他可能採取什麼行動，怎樣操作，一定程度上是可以預測得到的。

　　例如，我的一個朋友，他的進出場模式是根據趨勢—突破的法則設計的。每當市場價格出現重大的波動時，我可以事先猜到他今天可能會做什麼交易，而且十有八九事後都能得到印證。

　　市場價格的未來變化有不確定的一面，我們不是神仙，所以，我們不可以說—市場的未來是一本打開的書。而對於一個具有明確的交易思路、交易風格的人來說，在沒有開始操作以前，他就有統計上的勝算和優勢，總的交易結果贏利帶有一定程度的必然性，這一點我們可以事先確定。

　　十多年的期貨投機生涯中，我一直有個狂妄的設想，希望能把成功交易的基本思路、原則、方法講清楚，形成一套系統的從理論到實踐的投機操作套路。我曾經和一個朋友戲言：這個問題弄不明

白，這輩子炒期貨最終「賠了夫人又折兵」，死的不明不白，那真是人生的悲劇。

根據我的淺見，一個成功操盤手至少應該具備下面幾個方面的特徵：

1.擁有一套相對穩定的，有優勢、有勝算的交易模式

期貨市場是一個充滿誘惑力的地方，每天都有數不勝數的機會。而機會和陷阱始終是一對孿生兄弟。很多市場參與者長線做，短線也做，順勢做，逆勢也做，每天在市場中忙進忙出，無意中想要包打天下，抓住所有市場波動的利潤，結果卻往往是水中撈月，滿懷希望而去，充滿絕望而歸。我們必須勒住自我欲望的韁繩，捨棄十八般武藝樣樣精通，企圖打敗市場的非份之想，永遠只追求屬於自己的利潤，保持「滔滔江水，只取一瓢」的平和心態和境界。

一個成熟的操盤手往往能夠從表面上看來不確定、隨機的市場波動中找到某種相對確定、可以把握的機會。知道什麼時候交易對投機者最有利、什麼時候投機者應該退避三舍，靜觀其變等等。市場就像一個大海，可以容納包括套保、套利、投機者在內的各種各樣的人。所以，成功的交易並沒有固定的標準答案。但是，為了在兇險的交易世界裡不被消滅，每一個市場參與者必須找到適合自己的生存方式。

「觸目橫斜千萬朵，賞心只有兩三枝」。

只有確定了交易模式，投機者才能明確知道自己在市場中關注

什麼，尋找什麼，哪些變化是非常重要的，哪些變化對自己是沒有意義的，以及什麼時候應該採取行動等等。我之所以提出投機的理論、假設、模型決定市場觀察和交易這一套理論，就是想強調投機者擁有一套相對穩定的，有優勢、有勝算的交易模式的重要性。

2.交易策略和風險控制的始終一貫性

有人說，只要看看某個帳戶每次賺錢和虧錢的比例，就可以知道一個人是贏家還是輸家。是的，除了發生不可控制的意外事件以外，高明的操盤手是絕對不能容忍任何一筆交易出現災難性損失的，而對判斷正確，處於贏利狀態的倉位元，他會盡可能讓它創造最大利潤。不管我們選擇的是怎樣的交易模式，日內還是短線、波段還是長線，我們都必須一如繼往地堅持任何一筆交易都不要出現大的損失；一如繼往地採取試探─加碼的交易策略，在行情走勢和自己的判斷相一致時，勇敢出擊，擴大利潤。

期貨交易是一個限制損失的遊戲，保護好自己才能有效地消滅敵人。投機者的所有交易都應該建立在這一原則基礎之上：把虧損限制在小額，讓利潤充分增長。

3.市場判斷和操作的前後一致性

我們都有過這樣的交易經歷，明明市場行情已經啟動，而等我們急匆匆進入市場，原來好好的走勢突然掉頭，我們被迫止損離場。一而再、再而三的失敗嘗試後，我們帶著沮喪、絕望的心情發

誓，再也不碰這個市場。結果市場隨後的走向和我們當初設想的一模一樣，我們只能站在一邊獨自苦笑。

還有一種情況，同樣是我們看對了行情，卻沒有賺到錢。就像裡費默在《股票作手回憶錄》中所說的：

「在多頭市場你總能找到很多很早就看漲的人，在熊市里你也能找到很早就看跌的人。我認識許多看盤高手，他們也是在最佳位置買賣股票。而且他們的經驗總是跟我不謀而合。但是，他們卻沒真正賺到錢。看對市場而且緊握頭寸不動的人難得一見，我發現這也是最難學的事。」

市場總是摧毀弱者。短期走勢的偶然性和人為性特點，常常使我們看不清市場的長期方向，讓我們誤入歧途。不能在市場判斷和操作時保持邏輯性和前後一致性，往往使我們和市場巨大利潤擦肩而過。

4.辨證思維是投機者的立身之本

在市場交易中，長線有長線的思路，短線有短線的操作手法。問題的關鍵是投機者必須選擇最適合自己個性和具體市場特點的方法，作為自己基本的交易模式。但無論多好的理論、工具，都有硬幣的另一面。天下本來就沒有完美的交易理論和工具，各種交易模式都有自己的長處，也有自己的弱點。這個市場永遠不存在可以 *100%* 準確預測未來變化的技術和交易工具。所以，交易理論、工具正確運用的前提是，投機者必須具備辨證思維的能力，即使在自

認為有絕對把握和勝算的機會出手時，也還是應該作好風險控制的準備，防止判斷錯誤帶來的巨大損失。

交易技巧和知識可以學習，市場經驗可以累積，更重要的是要培養起成熟的心理並迅速付諸行動，這是一個長期的修煉、追求、領悟過程。作為一個交易員，每天都會面對很大數目的輸贏，責任和壓力是非常大。從理性的角度看局部的輸贏很正常，失敗的交易、虧損的交易是成功路上的一部分。而人畢竟不是神，真正能夠做到「不以物喜，不以己悲」，淡然地面對每天輸輸贏贏又非常地難。古人雲：「聖人有情而無累」，說的是聖人不是沒有感情，而是能夠控制感情，不讓感情成為行動的決定因素。作為一個交易員，由於輸贏而引起情緒上的痛苦和快樂很正常，只不過無論某一次交易結果是好是壞，下一次操作該怎麼做還得怎麼做，不能夠感情用事。控制自己的情緒、欲望這種事情，在一個充滿誘惑的世界裡，說起來容易做起來難。

所以我認為投機客是「行者」、「忍者」而非「學者」、「智者」。行動而非說話，實踐而非理論，是一個職業投機者的本質特徵。某種意義上說，現代金融市場訓練有素的專業投機客，並非流行的科班教育體系可以培養出來，中外著名的高等學府也確實沒有相應的投機專業。

現代高等教學過於強調智性訓練，師生關係過分疏離的特點，並不符合培養一流職業投機客的素質教育要求。在我的想像中，中國古代琴棋書畫以及民間手藝、武術的學習中，強調師承，強調

師傅帶徒弟的心傳法門，可能是培養職業投機客可以借鑒的模式之一。我現在也正在做這方面的嘗試。

我非常欣賞包括日本文化在內的東方哲學，因為自己是學哲學出身，一直有一個獨斷論式的偏見或者說情結，認為一個不瞭解德國哲學和日本精神的人，他的思維深度和對生命本質的領悟是有嚴重缺陷的。為此，我特意讓自己的小孩學習德語和日語。

西方哲學的認識論，對投機者深刻地理解、把握市場運動非常有價值。我自己的市場交易哲學：投機的理論、假設、模型決定市場觀察和交易，主要就是受了德國古典哲學家康德思想的啟迪。而東方哲學對投機者心理修養和人生境界的提高，在詭譎無常的

市場變化面前保持一顆平常心，意義深遠。日本的武士道和茶道，一動一靜，讓我對投機、對人生的真諦有更深的感受。

在武士的培養過程中，知識的教育，智慧的訓練，不能說不重要，但更重要的是武士人生態度、品格意志的培養，包括超然物外、淡泊名利的精神境界，從容不迫而又果斷無畏的犧牲精神和行動能力，壯士斷臂的勇氣，對痛苦的超強忍耐力等等，這一切不正是一個典型的期貨操盤手必備的個性特徵嗎？

成功的期貨交易不是集體思考、決策的事業，而更像是一個投機者個體孤獨的心理搏鬥遊戲。這種孤獨表現在：漫長的交易學習過程就像一個人走夜路，茫茫荒原，不知何處是盡頭；分析思考市場行情變化，讓投機者體驗到的是獨自面對未來不確定性的痛苦無助；臨場決策、操作的背後，隱藏的可能是投機者面對黑洞般的恐

懼和對自身安全的深深憂慮，等等。

　　一個不能忍受孤獨、一個缺乏自主性、一個人云亦云、沒有獨立思考能力的人，註定不可能成為一個出色的投機客。在投機者內在的心理修煉和精神超越方面，古老的東方文化可能是交易者自我拯救的智慧之源。包括茶道在內的東方文化的精神氣質，也許可以在市場交易中讓我們頭腦更加清醒，行為更為理性。

　　「茶道的要義在於內心平靜、感情明澈、舉止安詳，這些無疑是正確的思維和正確的感情的首要條件。隔斷了嘈雜人群的形象和聲音的鬥室，其徹底清淨本身就引誘人的思想脫離塵世。」（《武士道》）

　　高明的投機大師的精神世界是和哲學相通的。不信，你聽聽投機大師斯坦利・克羅下面說的這段話，不就是茶道精神在市場交易中的活學活用嗎？

　　「當我發現自己被那些很明顯的矛盾說法和人為的事後宣告和准分析搞得迷亂、不安時，我的做法是把自己與這些所謂的消息隔離開來。取而代之，我把注意力集中在一個詳細而有實效的技術因素和指標的分析中去─試圖從混亂中尋求到條理性。這段間歇最好在隔離狀態執行，遠離各種打擾和善意的建議者。隔離狀態與期間穩定以及與分析的清晰和高品質看起來是有一種相關關係的」。

　　金融投機的成功之路並不神秘，也不是完全無跡可尋，它是建立在兩個方面之上的：一是投機者對市場交易的基本思路頭腦清晰、胸有成竹；二是投機者對人性的弱點了若指掌，這種認識既包

括對人類千百年來亙古不變的本性，如希望、恐懼、貪婪、僥倖、自負等的洞察和瞭解，也包括投機者對自我特殊的個性特點、性格缺陷、行為習慣的深刻反省。

有人說，交易世界沒有專家，只有贏家和輸家。姑妄言之，姑妄聽之。是為序。

壽江

2007 年 11 月 12 日

附 錄 五

我思故我在①

---

①本文是壽江為《投機者的撲克》一書所作的序言。

人在江湖，身不由己。為這本書寫序純屬湊巧，我和本書的編輯是老朋友，因為欠她人情，曾答應過為她出的書寫個序。收到出版社寄給我的樣書，我漫不經心地翻了一下，頗感驚詫，又從頭到尾仔仔細細地看了一遍，不禁深深地折服于作者對交易理解的廣度、深度和歷史意識。

　　我和作者並不相識，然而，對一個孤寂的交易心靈而言，看到這樣的書稿，就像黑夜中一個獨自趕路的行者，遇到一個同樣匆匆行走的同道，那種結伴而行帶來的溫暖和安全感，有一種彼此心有靈犀的惺惺相惜。

　　成功交易並沒有捷徑、秘訣和聖杯，而是一個漫長的積澱、昇華，從量變到質變的演化過程。我非常認同投資名著《通向財務自由之路》和《走進我的交易室》的觀點，即成功交易的要素可以歸納為三個方面：交易技術、資金風險管理以及投機者的心理和人生態度。我自己在《作手：獨自徘徊天堂與地獄》中談到的三次思想、心理上的突破和超越，其實也就是對這三點由淺入深的認識和領悟過程。

　　交易技術是投機者登堂入室的基礎，我把它理解為找到一套有優勢、有勝算的戰勝市場的買賣方法。

　　資金風險管理是投機者在市場中生存和成功的保障。如果說期貨交易既是一門戰勝市場的贏的藝術，更是一門在判斷失誤、深陷困境中機智的輸的藝術，那麼這一切的內核就是聰明的資金管理策略。

　　交易技術和資金管理策略儘管有很大的靈活性、藝術性，但畢竟還有相對的客觀性和規律性，只要投機者認真學習和思考，在實戰中逐漸積累經驗，要瞭解、掌握其規律並不困難。

　　但是，知是一回事，行又是另一回事。期貨交易是一個立竿見影的盈虧遊戲，投機者在巨大的心理和精神壓力下，要理性地做出合理的技術動作，客觀地看待投機結果的輸輸贏贏，並不是一件容易的事情。

　　所以，我很認同這樣的說法：期貨交易的技術和知識，也許學一兩年時間可能就夠了，但是，投機者要培養一個穩定、良好的心態，在修養和境界上達到高瞻遠矚、超凡脫俗，即使花上十年工夫，也不算多。

　　當然，十年磨一劍畢竟成本太大！如果有高手能夠結合實戰案例談談心理、人性的因素對交易成敗的決定性影響，並且在心理建設、自我控制、人性修煉方面給出一些相對可行的建議，對投資者來說無疑是一件功德無量的事情。

　　本書從某種程度上說對此做出了非常深入的探索。「改進生活以改進交易，體悟交易以領悟生活，這是本書的理想。」「心態控制的首要是目標管理。」「風控的職責就是平穩主操的心態，並使進場、離場都成為理性思考的產物。」

　　「要有在一塊石頭上枯坐三年的勇氣。」「與一種未知與不可測鬥爭，最寶貴的就是保持一顆寧靜、自信的心。這種自我的感覺，應由心底而發，不可偽裝。這時禱告或許可以幫助你。」

「就像出海人祭拜媽祖一樣，她並不給予我們肌肉的力量，卻能給予我們內心的力量。」

……

這是一本內涵豐富、思想深刻的書，我不知道你看到這些引言後有什麼感受，至少在我眼裡它們充滿睿智、發人深省。當然，我的片言隻語只是斷章取義，遠不能體現出本書的全部精髓。

希望這本書對投資者領悟市場交易的本質、提高操作境界產生巨大的幫助。

壽江

2010 年 6 月 28日

君子憂道不憂貧①

──讀斯坦利・克羅先生的書有感

①本文是壽江為《期貨交易策略》一書所作的序言。

斯坦利・克羅先生是 20 世紀七八十年代期貨界的傳奇人物，《期貨交易策略》和《職業期貨交易者》這兩本書思想深邃，內涵豐富，對啟迪投機者的智慧和實戰交易都具有重大的指導意義。出版社朋友希望我寫個序言，我何德何能，寫序肯定不敢，只能結合自己的期貨交易教訓和經驗，寫一點粗淺的讀書感悟和體會。

　　斯坦利・克羅先生是國內期貨投資者的老朋友，早在 1994 年，中國經濟出版社就出版了他的《克羅談投資策略》一書，記得中國期貨市場的創始人田源博士曾經寫過推薦序。在我的印象中，國內投資界系統、大量地引進國外的投資經典書籍，包括介紹傑西・傑西・李佛摩、索羅斯、巴菲特等的著作，是在 1997 年到 1998 年東南亞金融危機以後。在此之前，市場流行的主要是一些港臺技術分析的書，給投資者介紹市場價格判斷的方法、技巧、工具等內容。關於期貨交易的思路、理念、策略，以及風險管理的重要性和投機者的心理、心態建設，只有兩本書給我留下了深刻的印象，一本是《克羅談投資策略》，另一本是丁聖元先生翻譯的《期貨市場技術分析》。

　　應該說我和克羅先生是很有緣分的，除了我們都是傑西・傑西・李佛摩的忠實粉絲，我還零零碎碎地知道他的不少小事：他曾被中國證監會期貨部聘為顧問，1994 年他就來過廣州講課，後來還在北京的一家公司做過投資顧問。前幾天剛好碰到當年請他的那家公司的老總，多年以後談到斯坦利・克羅先生，這位老總依然記憶猶新。說克羅先生非常敬業，每天早上總是第一個到公司，拿著分

析翔實、邏輯完整的交易計劃，西裝革履地站立著等大家上班。看到這個頭戴著投資大師光環的老頭如此嚴謹的工作態度，大家內心都非常震撼！

我第一次買到克羅的書很偶然，1997 年我到武漢看我師兄，閑來無事，就逛進了他家旁邊一家非常僻靜的書店，好像是在漢口萬松公園附近。我突然發現書架的角落裡竟然堆著十多本薄薄的《克羅談投資策略》，上面佈滿灰塵，書很便宜，但明顯沒有多少人留意，克羅先生的書放在這裡確實是明珠暗投了。不過，冥冥之中的這樣偶遇，讓我和克羅先生的不解之緣結的更深了。

遺憾的是，儘管克羅先生的書一直擺放在我的書桌邊，在 1997 年後的相當長時間，我也多次反復閱讀過，但是，我似乎並沒有讀懂斯坦利·克羅到底在說什麼，也沒有理解這本書中蘊含的深邃的投機智慧。「順勢而為」、「只在市場出現強烈的趨勢特性，或者你的分析顯示市場正在醞釀形成趨勢，才能進場」；「順勢而為的倉位可以為你帶來豐厚的利潤，因此千萬不要提前下車」、「保持倉位不動,直到你客觀分析之後發現，趨勢已經反轉或者就要反轉」；

「斬掉虧損」、「最早的虧損是最廉價的虧損」；期貨交易「暴利是目標」，不要去參與短線交易、擠油交易；要有耐心和紀律等待大的交易機會，有勇氣和膽量堅持自己的判斷和倉位；

……

這些都是從斯坦利·克羅書中摘錄的原話，克羅先生還用大量

的正反兩方面的實戰案例來說明遵循上述理論、策略對投機者的價值和意義，與之背道而馳對投機者帶來的巨大災難。

有人說，大道至簡，克羅先生書中也提出，交易要保持簡單。但不要忘了，中國人還有一句古話，人間正道是滄桑。投機市場中簡單是美，簡單更是一種智慧。然而，這種美和大智慧來自哪裡？一定來自痛苦而複雜的期貨交易經歷給投機者帶來的體驗和感悟。有朋友開玩笑說，期貨交易不爆過幾次倉，沒有大贏大輸過，沒有經歷過幾輪牛市熊市，怎麼可能領悟期貨投機的大道和真諦？

進入期貨市場這麼多年，我覺得自己在這個行業裡更像是一個書生或者學者，而不太像是一個精明的商人。交易時間，我是參與市場的投機者，或者說賭徒；交易之外的時間，我和我的團隊是期貨投資之道的探索者、思考者和研究者。曾經相當長的時間，我一直沉迷於追求期貨交易的完美、極致，試圖打造出一個適應市場不同情況、能夠全天候作戰的交易體系。在那個階段，克羅先生書中闡述的單純而質樸的投機智慧，我非但不認同，反而覺得自己比他想得更系統、更深入、更高明，交易結果應該更好。你看，上面引述的克羅先生的每一個觀點，我都覺得可以更好地變通和提升：

克羅先生說要「順勢而為」，我卻看到很多時候市場反趨勢運動非常劇烈，運動幅度大、運動速度快，這樣的快錢投機者為什麼不去賺呢？幾年前，我一度狂妄和自負到想去寫一本《逆勢交易的技巧》之類的書。無獨有偶，有我這樣想法的人在投機市場還真不少，前幾年，華爾街還真有一哥們寫了一本類似的書，而且還成了

金融投機的暢銷書。

克羅先生說，「只有在市場出現強烈的趨勢特性，或者你的分析顯示市場正在醞釀形成趨勢，才能進場」。在我看來，交易為什麼要這麼刻板和保守呢？不管市場趨勢如何，總有很多品種每天盤中波動很大，如果你反應靈敏、技巧嫻熟，不是有更多的交易機會嗎？

克羅先生說，「順勢而為的倉位可以給你帶來豐厚的利潤，因此千萬不要提前下車」、「保持倉位不動，直到你客觀分析之後發現，趨勢已經反轉或者就要反轉」。大家知道，很少有市場趨勢是直線運動，在波浪上升的趨勢運動中，高拋低吸不是更有效率嗎？為什麼眼睜睜看著浮動利潤縮水而呆若木雞？

克羅先生說，期貨交易「暴利是目標」，不要去參與短線交易、擠油交易。長城是一塊一塊磚壘起來的，期貨交易為什麼一定要抓住大的機會一舉獲得暴利，而不能通過一筆筆短線交易利潤積累而成功？

……

投機市場是一個迷宮。十多年前，我在期貨交易中還是一個不知天高地厚的毛頭小夥，浮躁的心理，無知的認識，急功近利的欲望，根本不可能讓我意識到克羅先生這些思想中包含的深刻的市場觀、聰明的投資策略和巨大的人性洞察力。還自作聰明地畫蛇添足，希望完善、提升克羅先生的投資思想和策略，結果如何呢？我順勢做，逆勢也做；長線做，短線也做；有信號做，沒信號也做。

邏輯混亂、自相矛盾，什麼都想要，往往什麼都得不到，越做越糊塗，最後迷失在市場交易的大海裡。

「孔子登東山而小魯，登泰山而小天下」。經過近 20 年的市場錘煉，在經歷了無數次血雨腥風的戰鬥，交了很多次數目巨大的學費，在我成為一個職業投資者以後，再來閱讀斯坦利·克羅先生的書，內心的感悟和觸動，真是百感交集。

投機之道簡單嗎？簡單！但是這種簡單的背後卻包含著非常複雜的市場交易的道理以及投機者艱難的人生體驗，我們必須知其然並且知其所以然，才能認同大道至簡這個看起來非常單純的智慧。

「無根浮盈空歡喜，未悟真經套中人」，這是著名投資人林廣茂先生在我上海公司開業典禮上談到投機之道時引用的一句詩，我覺得非常深刻。在我眼裡，克羅是一個名副其實、深謀遠慮的智者，他的兩本書，一定能夠更好地幫助我們領悟期貨交易的真經。

壽江

2013 年 1 月 5 日

後記

《作手：獨自徘徊天堂與地獄》出版以後，我本想再寫一本關於期貨策略的書，因為各種原因一直沒有動筆。其中最主要的，畢竟我是一個交易員，需要管理好自己幾家投資公司的資產，交易時間佔據了我生活的大部分，尤其有了夜盤之後，更是如此。

　　如果你願意交易的話，每天可以從早上9點一直盯到凌晨2點半，再加上國外商品、股票投資等，時間、精力嚴重不足。人畢竟不是機器，這是後來沒有寫書的主要原因。

　　這十多年中，無數《作手：獨自徘徊天堂與地獄》的讀者、投資者曾經給我來信，或者通過朋友詢問我那本投資策略的書到底什麼時候出版，因為上面提到的原因，我多年前曾經答應的事情，一直沒有完成，這一點對讀者朋友我深感抱歉。

　　為什麼現在會有這本書？我的出版商也是好朋友白劍峰先生，在這件事情上起了巨大的推動作用。

　　大約四五年前，我在浙江大學金融期貨班講課，為了推動我這本書的出版，白總親自帶領團隊到了杭州，不但聽了課，錄了像，還把我講課的內容整理成一個完整的文稿。

　　但我當時覺得，自己對整體投資思考還不夠成熟，勉強出版一本連自己都不太滿意的書，對讀者也是不負責任的，所以最終放棄了這個想法。但白總的熱情和付出特別讓我感動，在此表示真誠的歉意和感謝。經歷過這麼多年的交易的起起落落和人生思考，剛剛有寫書衝動時，我本來以為這件事情比較簡單，只要公司團隊幫我整理一下，應該很快就能完稿，但實際難度遠遠出乎我的預料。

　　書的主體思想框架來自於我長期交易實踐的總結，原本就有。但在具體寫作過程中，我看了團隊幫我整理的部分章節，覺得和我想像的差異較大，很多內容只好推倒重來，不得不再梳理一遍，工作量因此大大增加。

　　書的最後，我想感謝幾位朋友。這本書的內容，完全不是我一個人努力的結果。從一定程度上說，我十多年的朋友，也是《作手：獨自徘徊天堂與地獄》的編輯丁鋒先生，是我這本書的合作者。在 2016 年的最後這段時間，丁鋒先生每天和我進行深入的探討，對整體書的構思、每個章節的主題和文稿的細節，他提出了大量的寶貴意見和建議，並且直接參與了創作。

　　如果沒有他的幫助，書的思路不可能這麼清晰，整體文稿的品質也不可能到今天的樣子，所以丁鋒先生是我最為感激的朋友！當然，如果本書中的思想內容有錯誤之處，責任在我。

　　其次我要感謝的是崇賢館的李克先生、白劍峰先生以及郎朗編輯，在書稿寫作和出版的方方面面，給了我強大的精神鼓勵和實際支持。

　　這本書的初稿內容是由我公司的很多同事一起完成的，我要再次感謝我的交易團隊在配合我寫作過程中付出的艱辛努力，超負荷的勞動，包括徐暘、徐維唯、蔡芳芳、張琪祥、紀濤、趙偉、武林等。

　　最後，我要特別感謝的幾個人是：我的妹妹壽麗女士，我的助理徐暘小姐，她們在我寫作過程中默默付出，為我解除了大量後顧

之憂，卻還得不時忍受我不好的脾氣帶給她們的不快和傷害，我確實覺得很慚愧，也很抱歉！

人生有太多的無奈和缺憾往往源於人的性格。往事已逝，來日方長。生命是一場無休止的修煉，對此我會謹記於心！

壽江

2017 年 1 月 2 日 於北京

國 家 圖 書 館 出 版 品 預 行 編 目 資 料

澄明之境：120個有益投資的對話，大投機家和他的康德哲學課　/壽江 著

--台北市：恆兆文化，2018

288面；14.8公分×21.0公分　　-- （大師Focus系列：06）

ISBN　978-986-6489-60-0　（平裝）

1.投資心理學

563.5014　　　　　　　　　　　　　　107006534

澄明之境：120個有益投資的對話，大投機家和他的康德哲學課

發 行 人　張正

總 編 輯　鄭花束

作　　者　壽江

封面設計　王慧莉

出 版 所　恆兆文化有限公司

　　　　　http://www.book2000.com.tw

電　　話　02-27369882

地　　址　110　台北市吳興街118巷25弄2號2樓

出版日期　2018年5月一刷

Ｉ Ｓ Ｂ Ｎ　978-986-6489-60-0

定　　價　420元

總 經 銷　聯合發行股份有限公司　02-29178022